abc delf
A2 Junior Scolaire

Lucile CHAPIRO
Adrien PAYET
Virginie SALLES

CLE
INTERNATIONAL

Crédits photographiques

Direction de la production éditoriale : Béatrice Rego
Édition : Brigitte Faucard
Marketing : Thierry Lucas
Conception graphique : Miz'enpage
Couverture : Miz'enpage / Griselda Agnesi, Dagmar Stahringer
Mise en page : Emma Navarro
Illustrations : Oscar Fernandez
Recherche iconographique : Clémence Zagorski
Enregistrements : Quali'sons studio
Projet : 10184381 - août 2012
Imprimé en France par I.M.E. 25110 Baume les Dames
© CLE International / SEJER 2012
ISBN : 978-2-0-903-8177-1

Avant-propos

Le DELF scolaire et junior, sous sa forme actuelle, a été mis en place en 2005 lors de la réforme globale des certifications DELF-DALF qui visait à harmoniser ces examens sur les niveaux du *Cadre Européen Commun de Référence pour les Langues* (CECRL). Le DELF scolaire et junior compte 4 diplômes correspondant aux niveaux A1, A2, B1, B2. Ces diplômes s'adressent à un public d'adolescents de 11 à 18 ans. Ils sont constitués d'épreuves orales et écrites, organisées sous forme d'exercices de compréhension, de production, mais aussi d'interaction. Leur obtention permet de valider un parcours d'apprentissage et atteste officiellement d'un niveau de connaissance en langue française.

Le niveau A2 du CECRL correspond à un niveau élémentaire défini également comme le niveau « intermédiaire ou de survie ». À ce niveau, « *l'apprenant peut comprendre des phrases isolées et des expressions fréquemment utilisées dans des domaines immédiats de priorité. Il peut communiquer lors de tâches simples et habituelles ne demandant qu'un échange d'informations simples et direct sur des sujets familiers et habituels. Il peut décrire avec des moyens simple sa formation, son environnement immédiat et évoquer des sujets qui correspondent à des besoins immédiats.* » (d'après l'échelle globale du CECRL, Conseil de l'Europe, Division des langues vivantes, p. 25).

Le DELF scolaire et junior niveau A2 correspond - selon les standards du *Centre International d'Études Pédagogiques* (CIEP) qui crée les épreuves du DELF - à un enseignement de 180 h à 200 h. Son objectif est de préparer aux épreuves du DELF scolaire et junior A2 décrites pages 14, 46, 90 et 117. **Grâce à ses 200 activités** (environ 50 activités d'entraînement par compétence), sans compter les épreuves blanches proposées p. 43, 85, 115 et 134, cet ouvrage constitue un excellent entraînement avant de passer l'examen, et permet à l'élève de se familiariser avec les épreuves et de progresser.

ABC DELF junior scolaire travaille les quatre compétences du DELF en quatre grandes parties : compréhension orale, compréhension écrite, production écrite, production orale.

L'entraînement aux quatre compétences est organisé de la même façon :

- Au début de chaque chapitre, pour chaque compétence, **des conseils utiles** permettront à l'élève de savoir exactement en quoi consiste l'examen, comment l'affronter et les écueils à éviter.

- Une cinquantaine d'activités qui reprennent des **thématiques proches des intérêts des jeunes,** comme dans les épreuves de l'examen de DELF scolaire et junior.

- À la fin de chaque chapitre, **une épreuve blanche** où l'élève pourra évaluer son niveau dans la compétence travaillée.

- Pour mieux cerner les critères d'évaluation, nous proposons **un commentaire pour comprendre les grilles d'évaluation** des activités de production et nous fournissons des exemples de copies de production écrite.

À la suite des quatre parties, **3 DELF blancs complets** sont ajoutés, permettant au(à la) futur(e) candidat(e) de se placer en situation de passation du DELF scolaire et junior A2.

Tous les corrigés des exercices de compréhension orale et de compréhension écrite sont fournis avec le livre pour vérifier les réponses.

Une approche très guidée :

- Une **autoévaluation** en début d'ouvrage permettra au futur candidat d'identifier ses points forts et ses points faibles.

- **Les conseils du Coach**, présents tout au long des activités, donnent toutes les clés pour réussir l'examen.

- **Un DVD fait découvrir le DELF en image.** Retrouvez le coach du DELF dans une vidéo interactive organisée en 3 séquences. La première séquence permettra de voir comment se déroulent les épreuves collectives et d'obtenir de nombreux conseils. La deuxième est une passation entière de production orale pour obtenir un modèle du niveau A2. La troisième séquence est le « Quiz ABC DELF » : une vidéo interactive pour découvrir les pièges à éviter pendant l'épreuve de production orale.

Nous vous souhaitons une bonne préparation et une excellente réussite à l'examen !

Les auteurs

abc Delf junior scolaire A2

Sommaire

Compréhension orale

Partie 1

Comprendre des conversations en français

Exercice 1 *Lisez les questions. Écoutez l'enregistrement puis répondez.* 🎧

... / 5 points

1 • Où se passe la situation ? ... / 1 point

....

2 • Qui sont les deux personnes qui parlent ? ... / 1 point

....

3 • Qu'est-ce que le garçon a oublié ? ... / 1 point

....

4 • Est-ce que c'est la première fois ? (Justifiez votre réponse.) ... / 1 point

....

5 • Qu'a-t-il pris ? ... / 1 point

....

Partie 2

Comprendre des annonces et des messages en français

Exercice 2 *Lisez les questions. Écoutez l'enregistrement puis répondez.* 🎧

... / 5 points

1 • Qui vous appelle ? ... / 1 point

....

2 • Que vous propose cette personne ? ... / 1 point

....

3 • Où est le rendez-vous ? ... / 1 point

....

4 • À quelle heure ? ... / 1 point

....

5 • Que devez-vous faire ? ... / 1 point

....

Autoévaluation

Compréhension écrite

Partie 1

Lire pour faire un choix

Exercice 1 *Écrivez le numéro de l'annonce qui correspond à chaque personne.* //////////////////////////

Vous êtes dans un collège, en France. Vous voulez participer à un atelier extrascolaire avec vos amis. Vous lisez ces annonces dans un agenda culturel. Quelles activités allez-vous proposer à vos amis ?   **... / 2 points**

Atelier 1
Participez à l'atelier théâtre du collège ! Nous préparons une pièce de théâtre pour la fin de l'année !

Atelier 2
Vous rêvez d'être animateur radio ? Cet atelier est pour vous ! Vous allez créer l'émission de radio du collège.

Atelier 3
Devenir le *Chef* du collège, c'est possible ! Dans l'atelier cuisine, vous réalisez de nouveaux plats, un jour par semaine .

Atelier 4
L'atelier journalisme propose de réaliser un reportage sur les cuisiniers de notre ville ! Tous à vos caméras !

	Annonce n°	
a. Charlotte adore préparer à manger.		... / 0,5 point
b. Tom aime animer des émissions.		... / 0,5 point
c. Lisa voudrait travailler pour un journal.		... / 0,5 point
d. Romain aimerait être acteur.		... / 0,5 point

Partie 2

Lire un message personnel

Exercice 2 *Répondez aux questions.* //

Vous êtes en vacances, en France. Une amie vous envoie ce message électronique.   **... / 3 points**

De: cloti@imel.fr
Objet : Vacances sportives

Salut !
Qu'est-ce que tu fais pendant le mois de juillet ? Ma sœur et moi, on va aller courir au lac deux fois par semaine, le mardi et le jeudi matin, de 10 h à 11 h . Tu veux venir avec nous ?
Si tu es d'accord, on se retrouve mardi prochain devant chez moi en t-shirt, short et baskets !
N'oublie pas de prendre une bouteille d'eau et ta casquette !
À bientôt !
Clotilde

---

1 • Où Clotilde va-t-elle aller courir ? ... / 1 point

....

2 • Quels jours Clotilde veut-elle aller courir ? ... / 1 point

....

3 • Que devez-vous apporter ? ... / 1 point

....

Partie 3

Lire des instructions

Exercice 3 *Répondez aux questions.* ///

Vous allez à la piscine, en France. Vous lisez cette affiche à l'entrée. ... / 2 points

> ## Bienvenue à la piscine Château Landon !
> La piscine est ouverte tous les jours de 8 h à 19 h, sauf le lundi.
> Fermeture de la caisse 30 minutes avant l'heure de fermeture de la piscine.
>
> Merci de lire le règlement :
> 1. Achetez votre ticket à l'accueil avant d'entrer dans les vestiaires.
> 2. Enlevez vos chaussures. Laissez-les dans les casiers à l'entrée.
> 3. Vous devez obligatoirement porter un bonnet de bain quand vous êtes dans l'eau. Vous pouvez en acheter à la caisse.
> 4. Il est interdit de courir autour de la piscine.
> 5. Il est interdit de manger autour de la piscine.

1 • Quand la piscine est-elle fermée ? ... / 0,5 point

....

2 • Que devez-vous laisser à l'entrée ? ... / 0,5 point

....

3 • Qu'est-ce qui est interdit ? ... / 1 point

Autoévaluation

Partie 4

Lire pour s'informer

Exercice 4 *Répondez aux questions.* ///

Vous lisez cet article sur Internet. ... / 3 points

Le Noël des animaux

Ce week-end, à la Porte de Versailles, la *Fondation Assistance aux Animaux* organise le 52ᵉ **Noël des animaux.** Les 27 et 28 novembre, plus de 600 chiens et chats pourront être accueillis par des familles parisiennes.

Des chanteurs et acteurs comme Bernard Menez et Mylène Demongeot seront présents à cet événement.

Infos pratiques :

27 et 28 novembre • Porte de Versailles, Parc des expositions, Hall 8
Ouverture : 10 h 30 - 19 h 00

---

1 • Vrai ou faux ? Cochez (✓) la case correspondante et recopiez la phrase ou la partie du texte qui justifie votre réponse.

... / 1 point

	VRAI	FAUX
C'est la première fois que le Noël des animaux est organisé.		
Justification :		

2 • Qui participe à cet événement ? ... / 1 point

....

3 • Où a lieu le Noël des animaux ? ... / 1 point

....

Production écrite

Raconter une expérience personnelle

Exercice 1 *Répondez aux questions.* ///

Vous passez des vacances chez des amis. Vous écrivez un message à un ami français pour lui raconter vos vacances. Vous lui dites où vous êtes, avec qui et ce que vous faites.
Vous donnez vos impressions sur vos vacances. (60 mots minimum.) ... / 5 points

De :	
Objet :	

....

....

....

....

....

Partie 2

Inviter, remercier, s'excuser, demander, informer

Exercice 2   *Répondez aux questions.*///

Vous recevez un message de votre camarade de classe français.   ... / 5 points

De : aubforestier@tel4.com	
Objet : 15 ans !	

Salut !
Je vais avoir 15 ans ! J'organise une grande fête d'anniversaire dimanche prochain dans la maison de mon oncle. C'est un peu loin, il faut prendre le bus.
J'invite toute la classe. J'espère que tu viendras.
À dimanche !
Aubin

Vous répondez à Aubin, vous le remerciez de son invitation mais vous refusez et vous expliquez pourquoi vous ne pouvez pas venir. (60 mots minimum.)

De :	
Objet :	

....

....

....

....

....

....

Autoévaluation

Production orale

Partie 2

Monologue suivi

Exercice 1 Quelles sont vos émissions préférées à la télévision ? Pourquoi ? Quand regardez-vous ces émissions ? Parlez des présentateurs, des personnages ou des acteurs. **... / 5 points**

Partie 3

Exercice en interaction

Exercice 2 Vous êtes à l'école, en France. Vous lisez cette affiche sur la porte du secrétariat de l'école. **... / 5 points**

Vous demandez des informations au secrétariat.
L'examinateur joue le rôle du secrétaire de l'école.

Voyage scolaire de fin d'année

Plusieurs destinations, plusieurs dates possibles.

Prix : de 100 à 300 €. Informations ici.

Votre score final : ... / 40 points

1. Si vous avez plus de 30 points : Bravo ! Vous devriez obtenir sans problème le DELF scolaire et junior A2.
2. Si vous avez entre 20 et 29 points : Pas mal ! Travaillez les compétences où vous avez le score le plus faible.
3. Si vous avez en-dessous de 20 points : Il faut encore travailler... Faites les exercices du livre et vous devriez améliorer votre score.

Compréhension orale

Introduction L'épreuve de compréhension orale

Partie 1 Comprendre des conversations en français

Partie 2 Comprendre des annonces et des messages en français

L'épreuve de compréhension orale

Conseils pratiques La compréhension orale, qu'est-ce que c'est ?

C'est le premier exercice de l'épreuve collective du DELF. Vous devez écouter un document sonore et comprendre des informations simples et courtes pour répondre à plusieurs questions simples.

Combien de temps dure la compréhension orale ?
La compréhension orale dure de 20 à 25 minutes.

Comment dois-je répondre ?
Le surveillant de la salle d'examen distribue un livret à tous les candidats. Vous devez écrire vos réponses sur ce livret. Les questions pour la compréhension orale se trouvent dans les premières pages (4 ou 5 pages).

Combien y a-t-il d'exercices ?
Il y a 4 exercices.

Qu'est-ce que je dois faire ?

Pour chaque exercice, vous aurez :
- 30 secondes pour **lire les questions** ;
- une **première écoute**, puis **30 secondes de pause** pour commencer à **répondre** aux questions ;
- une **seconde écoute**, puis **30 secondes de pause** pour compléter vos réponses.

Ces instructions sont écrites dans le livret.

Exercices	Types d'exercice	Questions	Nombre de points
Exercice 1	Écouter et comprendre une annonce dans un lieu public (supermarché, gare, rue…).	**Il y a 4 à 6 questions par exercice :**	5 points
Exercice 2	Écouter et comprendre un message ou des instructions sur un répondeur téléphonique ou une boîte vocale.	● des questions à choix multiples (choix entre plusieurs réponses ou plusieurs photos) ;	6 points
Exercice 3	Écouter et comprendre un reportage, une publicité, une émission à la radio.	● des questions à réponse courte (écrire un mot, une courte phrase ou des chiffres).	6 points
Exercice 4	Écouter et comprendre un dialogue.		8 points

Conseils du coach

1● Profitez des temps de pause pour **lire calmement** les questions et les mémoriser. Il sera plus facile ensuite de repérer les informations demandées pendant l'écoute du document.

2● Restez très **concentrés** pendant l'écoute des messages ou des dialogues.

3● **Répondez** aux questions pendant les 30 secondes après la première écoute.

4● Vérifiez que **les réponses sont correctes** pendant la deuxième écoute.

5● Si nécessaire, **complétez ou corrigez vos réponses** pendant les 30 secondes après la deuxième écoute.

6● Attention, dans les questions à choix multiple, **cochez une seule réponse** sauf s'il est précisé dans le livret que plusieurs réponses sont correctes.

7● **Attention à l'écriture et à l'orthographe** ; vos réponses doivent être compréhensibles même si vous faites encore quelques fautes d'orthographe !

14

////////// **I** **À l'école** ///

• Dans la cour de récréation

Exercice 1 *Lisez les questions. Écoutez l'enregistrement puis répondez.* ///////////////////////////

Vous êtes à l'école, en France. Vous entendez cette conversation dans la cour de récréation.

1 • Qui est monsieur Brochant ?

    a. Le nouveau professeur de Léa.   **b.** Le nouveau professeur de Quentin.   **c.** L'ancien professeur de Quentin.

2 • Indiquez un défaut de monsieur Brochant.

    ....

3 • Indiquez une qualité de madame Darin.

    ....

Plusieurs réponses sont possibles.
Choisissez celle qui est la plus simple
pour vous ou la plus facile à écrire.

4 • À propos de monsieur Brochant, Léa...
    a. est du même avis que Quentin.   **b.** n'est pas d'accord avec Quentin.   **c.** n'a pas d'opinion.

5 • Quentin est arrivé avec un retard de...

    a. 5 minutes.   **b.** 10 minutes.   **c.** 15 minutes.

6 • Monsieur Brochant...

    a. accepte les retards.   **b.** est souvent en retard.   **c.** n'accepte pas les retards.

Exercice 2 *Lisez les questions. Écoutez l'enregistrement puis répondez.* ///////////////////////////

Vous êtes à l'école, en France. Vous écoutez cette conversation entre deux amis.

1 • Océane et Hugo doivent préparer un exposé...

    a. de français.   **b.** d'histoire.   **c.** de musique.

2 • Quand doivent-ils présenter leur exposé ?

    ....

La question commence par
« Quand », vous devez trouver une
date ou un jour de la semaine.

3 • Que fait Hugo mercredi après-midi ?

    ....

Ici vous devez trouver une activité.

4 • Quel jour vont-ils se retrouver ?

    ....

5 • À quelle heure ont-ils rendez-vous ?

    ....

6 • Où vont-ils travailler ?

    a. À l'école.   **b.** Chez Océane.   **c.** À la bibliothèque.

Exercice 3 *Lisez les questions. Écoutez l'enregistrement puis répondez.*

Vous êtes à l'école, en France. Vous entendez cette conversation dans la cour de récréation.

1 • Clément et Nicolas ont fait...

    a. un examen de français.

    b. un examen d'allemand.

    c. un examen d'anglais.

2 • L'examen était...

    a. très facile. **b.** facile. **c.** difficile.

Aidez-vous de l'intonation des deux personnes pour répondre à cette question.

3 • Quelle note pense avoir Clément ?

    a. Moins de 10. **b.** Moins de 14. **c.** 14 ou plus.

4 • Qu'est-ce qui a été difficile pour Nicolas ?

....

5 • La correspondante de Nicolas arrive...

    a. aujourd'hui. **b.** demain. **c.** la semaine prochaine.

6 • Elle est...

    a. très belle. **b.** très grande. **c.** très intelligente.

Exercice 4 *Lisez les questions. Écoutez l'enregistrement puis répondez.*

Vous êtes à la sortie d'une école, en France. Vous entendez cette conversation entre deux amies.

1 • Margot a étudié les leçons sur...

    a. le climat en Asie.

    b. la santé en Afrique.

    c. la population dans le monde.

2 • Lucie a...

    a. mal compris le professeur.

    b. oublié d'étudier pour l'examen.

    c. étudié la dernière leçon de français.

3 • Quand Lucie peut-elle réviser ? (Plusieurs réponses possibles.)

....

4 • Lucie et Margot vont...

    a. se promener demain soir.

    b. rentrer ensemble à la maison ce soir.

    c. travailler ensemble avant l'examen.

Exercice 5 *Lisez les questions. Écoutez l'enregistrement puis répondez.* ////////////////////////////

Vous êtes avec des amis français à l'école. Vous entendez cette conversation.

1 • Que va faire Héléna ce soir ?

    a. Elle va aller au cinéma.

    b. Elle va garder son petit frère.

    c. Elle va étudier pour son contrôle d'histoire.

2 • Quel métier fait le père d'Héléna ?

....

3 • La mère d'Héléna travaille...

    a. 3 jours par semaine.   **b.** 4 jours par semaine.   **c.** 5 jours par semaine.

4 • Agnès aimerait bien être...

5 • Combien de temps dure la formation que veut faire Agnès ?

....

Exercice 6 *Lisez les questions. Écoutez l'enregistrement puis répondez.* ////////////////////////////

Vous entendez cette conversation dans la cour de récréation d'une école, en France.

1 • Ismaël a reçu le téléphone portable pour...

    a. Noël.   **b.** son anniversaire.   **c.** ses bons résultats à l'école.

2 • Avec son téléphone, Ismaël peut...

    a. faire des vidéos.   **b.** prendre des photos.   **c.** créer de la musique.

3 • Combien de chansons Ismaël peut-il avoir sur son téléphone ?

....

La question commence par « Combien », vous devez trouver un chiffre ou une quantité.

4 • Pourquoi Tom aimerait-il avoir le même téléphone ?

....

La question commence par « Pourquoi », répondez par une phrase courte et bien structurée. Ne parlez pas des détails.

5 • Qu'est-ce qui est interdit en classe ?

....

Comprendre des conversations en français

Exercice 7 *Lisez les questions. Écoutez l'enregistrement puis répondez.*

Vous entendez cette conversation dans la cour de récréation d'une école, en France.

1 • Où Wissem part-il en vacances ?

....

2 • Combien de temps Wissem va partir ?

    a. Une semaine.   **b.** Deux semaines.   **c.** Trois semaines.

3 • Quelle activité va faire Wissem ?

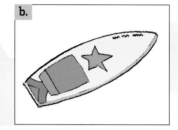
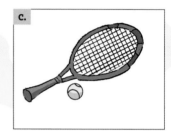

4 • Où Sarah va-t-elle passer ses vacances ?

....

5 • Qu'est-ce qu'elle va faire ?

6 • Qu'est-ce que Sarah propose à Wissem ?

....

Exercice 8 *Associez chaque dialogue à la situation qui correspond.*

Vous entendez ces conversations à la sortie d'une école, en France.

Dialogue	Situation
Dialogue **1**	**a.** Proposer de l'aide.
Dialogue **2**	**b.** Demander une information.
Dialogue **3**	**c.** Demander de faire quelque chose.
Dialogue **4**	**d.** Donner une direction.

• En classe

Exercice 9 *Lisez les questions. Écoutez l'enregistrement puis répondez.*

Vous entendez la conversation de votre ami Antoine avec son professeur dans une école, en France.

1 • Le professeur félicite Antoine pour...

    a. sa lecture.

    b. ses devoirs.

    c. ses notes.

2 • Antoine prend des cours...

    a. d'anglais.

    b. de théâtre.

    c. de danse.

3 • Quel métier aimerait faire Antoine plus tard ?

....

4 • Qu'en pensent ses parents ?

....

5 • Le professeur propose...

    a. de préparer une pièce de théâtre.   **b.** d'organiser un festival.   **c.** d'organiser une sortie.

Exercice 10 *Lisez les questions. Écoutez l'enregistrement puis répondez.*

Vous entendez cette conversation dans le couloir d'une école, en France.

1 • Qui est dans le couloir ?

    a. Mathias.   **b.** Alexis.   **c.** Stéphane.

> Pour bien répondre à cette question, il faut bien comprendre de qui on parle. Attention, on parle de plusieurs personnes.

2 • Pourquoi est-il dans le couloir ?

....

3 • Alexis était...

    a. au fond de la classe.   **b.** devant le tableau.   **c.** à côté du professeur.

4 • Alexis a demandé à Mathias et à Stéphane...

    a. de se taire.   **b.** de l'aider.   **c.** de sortir.

5 • Que va faire le directeur ?

    a. Écrire une note aux parents de l'élève.   **b.** Accompagner l'élève dans la classe.   **c.** Parler au professeur.

Comprendre des conversations en français

● Dans d'autres endroits de l'école (bibliothèque, secrétariat, restaurant scolaire)

Exercice 11 *Lisez les questions. Écoutez l'enregistrement puis répondez.*

Vous êtes à la bibliothèque de votre école, en France. Vous préparez un exposé avec un ami.
Vous entendez la conversation de votre ami avec le bibliothécaire.

1 ● Que cherchez-vous ?

   a. Un dictionnaire. **b.** Un livre d'histoire. **c.** Un roman historique.

2 ● Où se trouve le rayon *Histoire et civilisation* ?
   a. Au fond de la salle, à gauche.
   b. Au fond de la salle, à droite.
   c. Sur la première étagère.

Pour répondre à cette question, concentrez-vous
sur les indications de lieu.

3 ● Quel est le sujet de l'exposé ?

....

4 ● Vous devez prendre le livre numéro...

   a. un. **b.** cinq. **c.** neuf.

5 ● Où est le livre ?

Exercice 12 *Lisez les questions. Écoutez l'enregistrement puis répondez.*

Vous êtes au secrétariat de votre école, en France. Vous entendez cette conversation.

1 ● Quelle activité peut faire Guillaume, le mardi ?

2 ● Quel jour Guillaume peut-il aller à l'atelier musique ?
   a. Le mardi. **b.** Le mecredi. **c.** Le jeudi.

3 ● Combien coûtent les activités ?

....

4 ● Que faut-il faire pour s'inscrire ?
   a. Téléphoner. **b.** Écrire un courrier. **c.** Remplir un document.

5. ● Pourquoi Guillaume ne peut-il pas s'inscrire au basket ?

....

6 ● À quelle activité s'inscrit Guillaume ?

....

Exercice 13 *Lisez les questions. Écoutez l'enregistrement puis répondez.* ////////////////

Vous êtes au restaurant scolaire de votre école, en Suisse. Vous entendez cette conversation.

1 ● Pourquoi y a-t-il un repas spécial demain ?

    a. C'est la fin des cours.

    b. C'est la semaine du goût.

    c. C'est l'anniversaire d'Amina.

Attention au piège ! On vous demande « pourquoi il y a un repas spécial » et non « qu'est-ce qui se passe demain ? »

2 ● À quelle heure finissent les cours ?

....

3 ● Qu'y a-t-il à manger en entrée ?

    a. Du poisson.   **b.** De la viande.   **c.** Une salade.

4 ● Quel plat va manger Amina ?

5 ● Qu'est-ce qu'on va servir en dessert ?

....

Pour vous aider, demandez-vous qui connaît le mieux le menu, Monsieur Breteuil ou Amina ?

6 ● Que va offrir le directeur ?

....

///////// **II** **En ville** //

● Dans les magasins

Exercice 14 *Lisez les questions. Écoutez l'enregistrement puis répondez.* ////////////////

Vous êtes en France, dans une librairie. Vous entendez cette conversation.

1 ● Le client cherche un livre pour...

    a. enfants.   **b.** adolescents.   **c.** adultes.

2 ● Le libraire propose au client...

    a. des bandes dessinées.   **b.** des romans policiers.   **c.** des histoires fantastiques.

3 ● De quoi parle le livre *Les nombrils* ?

....

4 ● Quels livres de Marion Duval sont disponibles ?

....

5 ● Que prend le client ?

    a. Le deuxième album de *Marion Duval*.   **b.** Le premier album de *Tintin*.   **c.** L'album n°8 des *Nombrils*.

Exercice 15 *Lisez les questions. Écoutez l'enregistrement puis répondez.* /////////////////////////

Vous êtes dans un magasin, en Belgique. Vous entendez cette conversation.

1 • Quel sport fait la cliente ?

2 • Quel est le problème du pantalon bleu ?

....

3 • Quels vêtements a déjà la cliente ?

....

4 • Quelle est la pointure habituelle de la cliente ?

    a. 37.   **b.** 38.   **c.** 39.

5 • Quel est le problème des chaussures noires ?

    a. Le prix.   **b.** La taille.   **c.** La couleur.

Exercice 16 *Lisez les questions. Écoutez l'enregistrement puis répondez.* /////////////////////////////

Vous êtes dans un magasin de jeux vidéo, en Suisse. Vous entendez cette conversation.

1 • Le jeu que demande le garçon sera disponible...

    a. demain.   **b.** la semaine prochaine.   **c.** dans trois semaines.

2 • Le garçon recherche quel genre de jeux vidéo ?

....

3 • Il veut offrir un jeu vidéo à...

    a. un ami.   **b.** son frère.   **c.** son cousin.

4 • Pourquoi le vendeur lui propose-t-il le jeu *Rayman* ? (Deux réponses possibles.)

....

5 • Combien coûte le jeu ?

    a. 34,90 euros.   **b.** 34,80 euros.   **c.** 34,70 euros.

Exercice 17 — *Lisez les questions. Écoutez l'enregistrement puis répondez.* ////////////////////

Vous êtes en France. Vous entendez cette conversation.

1 • Téo et sa mère sont...

    a. à la maison. **b.** dans un café. **c.** au supermarché.

2 • Que demande la mère à Téo ? (Plusieurs réponses possibles.)

....

....

3 • Téo veut aussi prendre...

    a. des sodas. **b.** du thé glacé. **c.** du yaourt liquide.

4 • La mère refuse parce...

    a. qu'il y a trop de sucre.

    b. que c'est trop cher.

    c. qu'elle boit seulement de l'eau.

5 • Téo...

    a. fait ce que sa mère lui dit.

    b. n'écoute pas ce que lui dit sa mère.

    c. demande une autre fois à sa mère.

Exercice 18 — *Lisez les questions. Écoutez l'enregistrement puis répondez.* ////////////////////

Vous êtes dans un magasin, à Bruxelles. Vous entendez cette conversation.

1 • Pourquoi Charlotte doit-elle acheter un vêtement ?

....

2 • Quel vêtement propose Élise ?

....

3 • Combien coûte l'article qu'achète Élise ?

....

4 • Que demande Charlotte à son amie ?

    a. De payer pour elle.

    b. De lui prêter de l'argent.

    c. De lui rembourser son argent.

5 • Quelle quantité ?

    a. 6 euros. **b.** 5 euros. **c.** 15 euros.

• Dans la rue

Exercice 19 *Lisez les questions. Écoutez l'enregistrement puis répondez.*

Vous êtes dans la rue, en France. Vous entendez cette conversation entre deux amis.

1 • Où Nicolas et Thomas partent-ils en vacances ?

2 • Nicolas doit prendre...

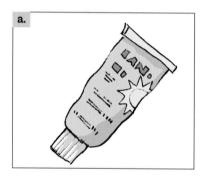

3 • Avec quel moyen de transport partent-ils ?

....

4 • Avec qui partent-ils en vacances ?

....

5 • À quelle heure partent-ils ?

    a. 6 heures.   **b.** 7 heures.   **c.** 8 heures.

6 • Que vont-ils faire pendant le trajet ?

    a. Lire.   **b.** Jouer à des jeux.   **c.** Regarder des vidéos.

Exercice 20 *Lisez les questions. Écoutez l'enregistrement puis répondez.* //////////////////////

Vous êtes dans la rue, à Bruxelles. Vous entendez cette conversation entre deux amis.

1 ● Pourquoi Sofiane refuse-t-il d'aller au cinéma ?

    a. Il n'a pas d'argent.   **b.** Il n'aime pas le cinéma.   **c.** Les films ne lui plaisent pas.

2 ● Damien ne veut pas aller à la patinoire parce qu'...

    a. il n'a pas de patins.   **b.** il y va tout le temps.   **c.** il ne sait pas faire du patin.

3 ● Pour quelle raison ne vont-ils pas à la piscine ?

....

4 ● Que vont-ils faire chez Damien ?

....

5 ● Que vont-ils faire dans le parc ?

6 ● À quelle heure va venir Sofiane ?

    a. 2 heures. **b.** 3 heures. **c.** 3 heures 30.

Exercice 21 *Lisez les questions. Écoutez l'enregistrement puis répondez.* //////////////////////

Vous êtes dans la rue, en France. Vous entendez cette conversation.

1 ● Qui est Julie ?

2 ● Kevin trouve que Julie est...

    a. petite. **b.** sympathique. **c.** jolie.

3 ● Dans quelle classe est Julie ?

....

4 ● Qui sont voisins ?

    a. Quentin et Kevin.   **b.** Quentin et Julie.   **c.** Kevin et Julie.

5 ● Où va Quentin ?

    a. Chez lui. **b.** En cours de maths. **c.** Au cours de judo.

Comprendre des conversations en français

Exercice 22 *Lisez les questions. Écoutez l'enregistrement puis répondez.* ////////////////////////////

Vous êtes dans la rue, en France. Vous entendez cette conversation.

1 • Où Emma est-elle partie en vacances ?

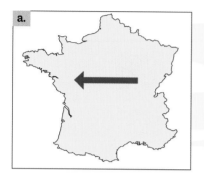 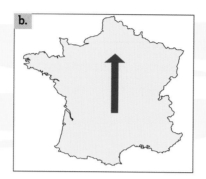 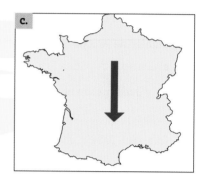

2 • Combien de temps est-elle partie ?

....

3 • Elle est partie avec...

    a. ses parents.   **b.** ses parents et son frère.   **c.** ses parents et ses cousines.

4 • Quelle activité a fait Emma ?

5 • Où est parti Victor ?

....

6 • Qu'a-t-il fait ?

....

Exercice 23 *Associez chaque dialogue à la situation qui correspond.* ////////////////////////////

Vous êtes dans la rue, à Tours. Vous entendez ces conversations.

Dialogue	Situation
Dialogue **1**	**a.** Remercier quelqu'un.
Dialogue **2**	**b.** Donner une information.
Dialogue **3**	**c.** Présenter quelqu'un.
Dialogue **4**	**d.** Donner une impression.

• Dans des lieux publics

Exercice 24 *Lisez les questions. Écoutez l'enregistrement puis répondez.* ///////////////

Vous êtes en France, dans un Office du tourisme. Vous entendez cette conversation.

1 • Le touriste demande des informations sur...

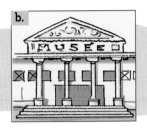

2 • Quels endroits le touriste peut-il visiter d'après le plan ? (Donner au moins deux réponses.)

....

3 • Le livre donne des informations sur... (Donner deux réponses.)

....

4 • Pour dormir, le touriste préfère aller...

    a. dans un hôtel.   **b.** dans un camping.   **c.** dans un appartement.

5 • Pourquoi le touriste doit-il faire attention ?

....

Exercice 25 *Lisez les questions. Écoutez l'enregistrement puis répondez.* ///////////////

Vous êtes en France. Vous entendez cette conversation dans la bibliothèque de votre ville.

1 • Que faut-il faire pour s'inscrire à la bibliothèque ?

....

2 • Pour emprunter des livres, il faut payer...

    a. 0 euro.   **b.** 5 euros.   **c.** 10 euros.

3 • Combien de livres peut-on emprunter ?

....

4 • Combien de temps peut-on garder les livres ?

....

5 • En plus des livres, que peut-on emprunter à la bibliothèque ?

Comprendre des conversations en français

Exercice 26 *Lisez les questions. Écoutez l'enregistrement puis répondez.* ////////////////

Vous êtes à l'entrée d'un cinéma, en France. Vous entendez cette conversation.

1 ● Quel film va voir le client ?

    a. *Dans les murs.* **b.** *Devant les murs.* **c.** *Derrière les murs.*

2 ● Le client ira à la séance de...

    a. 20 h 30. **b.** 18 h. **c.** 23 h.

3 ● Le client achète...

    a. une place plein tarif et deux places étudiantes.

    b. trois places étudiantes.

    c. deux places plein tarif et une place étudiante.

4 ● Quel document demande la guichetière ?

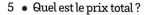

5 ● Quel est le prix total ?

    a. 18,50 euros. **b.** 19 euros. **c.** 19,50 euros.

Exercice 27 *Lisez les questions. Écoutez l'enregistrement puis répondez.* ////////////////

Vous êtes dans la rue à Genève, en Suisse. Vous entendez cette conversation.

1 ● Le garçon cherche...

    a. la gare. **b.** le cinéma. **c.** la pharmacie.

2 ● La femme...

    a. ne connaît pas le quartier. **b.** connaît un peu le quartier. **c.** connaît très bien le quartier.

3 ● Le garçon doit...

    a. tourner à droite puis à gauche. **b.** tourner à gauche puis à droite. **c.** tourner à gauche puis aller tout droit.

4 ● Combien de temps faut-il pour arriver au cinéma ?

5 ● Quel plan représente la situation ?

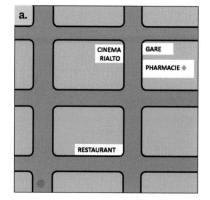
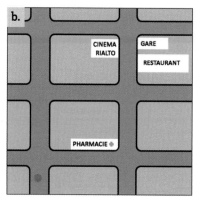
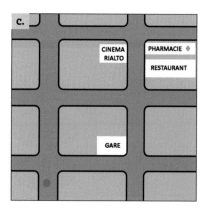

Exercice 28 *Lisez les questions. Écoutez l'enregistrement puis répondez.* //////////////////////

Vous êtes dans la rue, en France. Vous entendez cette conversation.

1 • Quelle est la situation ?

    a. Une jeune fille est perdue.   **b.** Un chien est perdu.   **c.** Deux chiens sont perdus.

2 • Quel est le chien de la jeune fille ?

3 • Elle a perdu son chien depuis combien de temps ?

    ....

4 • Dans quel magasin Manon est-elle entrée ?

    a. Une boulangerie.   **b.** Une pâtisserie.   **c.** Une boucherie.

5 • Quand il a disparu, le chien était...

    a. à l'extérieur du magasin.   **b.** à l'intérieur du magasin.   **c.** à la maison.

/////////// **III** **À la maison** //

Exercice 29 *Lisez les questions. Écoutez l'enregistrement puis répondez.* //////////////////////

Vous êtes dans la famille de votre correspondant français. Votre correspondant discute avec sa sœur.

1 • De quoi discutent Estelle et Antoine ?

    ....

2 • Estelle propose de regarder...

    a. un film sur les jeunes.   **b.** un match de football.   **c.** une émission sur l'école.

3 • À quelle heure commence le programme que veut voir Estelle ?

    ....

4 • Antoine veut regarder le match de football...

    a. Lille-Bordeaux.   **b.** Lille-Marseille.   **c.** Toulouse-Bordeaux.

5 • Estelle préfère...

Partie 1

Comprendre des conversations en français

Exercice 30 *Lisez les questions. Écoutez l'enregistrement puis répondez.* //////////////////////

Vous êtes dans une famille d'accueil, en France. Vous écoutez cette conversation entre Jérôme, votre correspondant, et sa mère.

1 • Pour son cours de français, Jérôme a besoin de...

2 • Pour quel cours Jérôme a-t-il besoin d'une gomme ?

....

3 • Que fait Jérôme mardi avec son école ?

....

4 • Que doit acheter la mère de Jérôme ?

 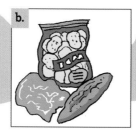 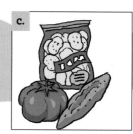

5 • Que va manger Jérôme en dessert ?

....

6 • Quelle boisson va acheter la mère de Jérôme ?

    a. De l'eau. **b.** Du soda. **c.** Du jus de fruit.

Exercice 31 *Lisez les questions. Écoutez l'enregistrement puis répondez.* //////////////////////

Vous êtes dans une famille d'accueil, en France. Vous entendez cette conversation.

1 • Qu'est-ce que Chloé a pris à Sarah ?

    a. Son pull. **b.** Son pantalon. **c.** Ses chaussures.

2 • Chloé prend les affaires de Sarah...

    a. parfois. **b.** jamais. **c.** toujours.

3 • Que va faire Chloé ce soir ?

....

4 • De quelle couleur est le pantalon de Chloé ?

....

5 • Sarah et Chloé sont...

    a. deux amies. **b.** deux sœurs. **c.** une mère et sa fille.

Exercice 32 *Lisez les questions. Écoutez l'enregistrement puis répondez.* ////////////////////////////

Vous êtes dans une famille d'accueil, en France. Vous écoutez cette conversation entre Marion, votre correspondante, et son amie Alicia.

1 • Marion explique à Alicia comment...

    a. classer ses photos.   **b.** prendre des photos.   **c.** mettre des photos sur Internet.

2 • Comment s'appelle le site Internet sur lequel il faut aller ?

    ....

3 • Que faut-il faire en premier sur le site ?

    ....

4 • Numérotez les actions suivantes de 1 à 3, dans l'ordre où il faut les faire.

    a. Donner un nom à l'album.   ....

    b. Cliquer sur « Créer mon album photo ».   ....

    c. Mettre les photos dans l'album.   ....

5 • Que peut-on mettre dans les albums en plus des photos ?

    ....

Exercice 33 *Lisez les questions. Écoutez l'enregistrement puis répondez.* ////////////////////////////

Vous êtes dans une famille d'accueil, en France. Vous entendez cette conversation.

1 • Dans quel pays Hugo veut-il partir ?

    a. En Irlande.   **b.** En Angleterre.   **c.** Aux États-Unis.

2 • La sœur d'Hugo est allée en Angleterre...

    a. il y a un an.   **b.** il y a deux ans.   **c.** il y a trois ans.

3 • Combien de temps Hugo veut-il rester ?

    a. Une semaine.   **b.** Deux semaines.   **c.** Trois semaines.

4 • Le séjour comprend...

    a. des activités sportives toute la journée.

    b. des cours le matin et des activités l'après-midi.

    c. des activités le matin et des cours l'après-midi.

5 • Le séjour en Irlande est...

    a. moins cher que celui en Angleterre.

    b. plus cher que celui en Angleterre.

    c. au même prix.

6 • Où Hugo a-t-il vu ce séjour ?

Exercice 34 *Lisez les questions. Écoutez l'enregistrement puis répondez.*

Vous êtes chez un ami français. Vous entendez cette conversation.

1 • Où était la soirée ?

    a. Chez Mathias. **b.** Chez Enzo. **c.** À la discothèque.

2 • Il y avait combien de personnes ?

....

3 • Enzo...

    a. connaissait tout le monde. **b.** ne connaissait personne. **c.** connaissait quelques personnes.

4 • Les invités ont dansé jusqu'à...

    a. 1 heure du matin. **b.** 2 heures du matin. **c.** 3 heures du matin.

5 • Où est-ce qu'Enzo a dormi ?

....

Exercice 35 *Associez chaque dialogue à la situation qui correspond.*

Vous êtes en France dans votre famille d'accueil. Vous entendez ces conversations.

Dialogue	Situation
Dialogue **1**	**a.** Donner un ordre.
Dialogue **2**	**b.** Refuser une proposition.
Dialogue **3**	**c.** Donner une impression.
Dialogue **4**	**d.** Présenter quelqu'un.

Exercice 36 *Associez chaque dialogue à la situation qui correspond.*

Vous êtes en France dans votre famille d'accueil. Vous entendez ces conversations.

Dialogue	Situation
Dialogue **1**	**a** Se mettre d'accord sur quelque chose.
Dialogue **2**	**b.** Demander une information.
Dialogue **3**	**c.** Refuser une proposition.
Dialogue **4**	**d.** S'excuser.

//////////// **IV** **À la radio** //

Exercice 37 *Lisez les questions. Écoutez l'enregistrement puis répondez.* //////////////////////

Vous entendez cette interview sur une radio française.

1 • Qui est l'invité de l'émission ?

    a. Un acteur.   **b.** Un chanteur.   **c.** Un sportif.

2 • Dans quel pays sera Enzo, cet été ?

    ....

3 • Le prochain album d'Enzo sortira en...

    a. juin.   **b.** août.   **c.** septembre.

4 • Enzo a commencé les cours de chant à...

    a. 9 ans.   **b.** 11 ans.   **c.** 7 ans.

5 • Dans quels lieux Enzo chantait quand il était enfant ?

    a. Dans la rue et à l'école.   **b.** Dans rue et à la maison.   **c.** À la maison et à l'école.

Exercice 38 *Lisez les questions. Écoutez l'enregistrement puis répondez.* //////////////////////

Vous écoutez cette émission sur une radio francophone.

1 • L'animatrice dit que le plat préféré des adolescents est...

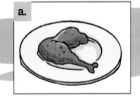  

2 • Quel est le plat préféré de Johan ?

    ....

3 • Quel légume Johan mange tous les jours ?

    ....

4 • Johan aime...

    a. tous les fruits.   **b.** les jus de fruits.   **c.** les pommes et les poires.

5 • Qu'est-ce que Johan prend au petit déjeuner ?

///////// **I** **À l'école** ///

Exercice 39 *Lisez les questions. Écoutez l'enregistrement puis répondez.* ////////////////////

Vous êtes chez votre correspondant, en France. Vous entendez cette annonce dans son école.

1 • Le spectacle a lieu dans...
    a. le théâtre de l'école.   **b.** la cour de l'école.   **c.** le gymnase.

2 • Vous pourrez voir des danses...
    a. africaines.   **b.** américaines.   **c.** asiatiques.

3 • Les élèves de 5e vont...
    a. raconter des histoires.   **b.** chanter.   **c.** danser.

4 • Vous écouterez un concert de...
    a. rock.   **b.** jazz.   **c.** rap.

5 • Qui va faire du théâtre ?

....

> Si vous ne savez pas, utilisez votre bon sens.
> Les réponses sont souvent logiques.

6 • Qui peut venir ? (Plusieurs réponses possibles.)

....

Exercice 40 *Lisez les questions. Écoutez l'enregistrement puis répondez.* ////////////////////

Vous êtes chez votre correspondant, en France. Vous entendez cette annonce dans son école.

1 • Les élèves vont voyager en...

2 • Où est le rendez-vous ?

....

3 • Les élèves doivent absolument apporter...

4 • Pour le déjeuner, qu'est-ce que les élèves vont faire ?

....

5 • La sortie se passe...
    a. le matin.   **b.** l'après-midi.   **c.** toute la journée.

6 • Le retour est à quelle heure ?

....

Exercice 41   *Lisez les questions. Écoutez l'enregistrement puis répondez.* ////////////////////////

Vous êtes à l'école, en France. Vous écoutez votre professeur de sport.

1 ● Le cours de sport dure...

    a. une heure.   **b.** deux heures.   **c.** trois heures.

2 ● Quelle activité va faire le groupe 1 ?

3 ● Que doit prendre le groupe 2 pour réaliser son activité ? (Deux réponses.)

....

4 ● Le groupe 2 doit faire des matchs en...

    a. 10 points.   **b.** 15 points.   **c.** 20 points.

5 ● En premier, que doit faire le groupe 3 ?

    a. Courir.   **b.** Faire un match.   **c.** Faire de la gymnastique.

6 ● Dans combien de temps les élèves changeront-ils d'activité ?

....

Exercice 42   *Lisez les questions. Écoutez l'enregistrement puis répondez.* ////////////////////////

Vous êtes à l'école, en France. Vous entendez cette annonce du directeur.

1 ● À quelle heure est l'examen ?

....

2 ● Quel sera le sujet de l'examen ?

....

3 ● Le directeur dit de bien apprendre...

    a. les dates.   **b.** les lieux.   **c.** les dates et les lieux.

4 ● Dans quelle salle aura lieu l'examen ?

....

5 ● Qui va surveiller l'examen ?

    a. Monsieur Viard.   **b.** Madame Touquet.   **c.** Le directeur.

Comprendre des annonces et des messages en français

Exercice 43 *Lisez les questions. Écoutez l'enregistrement puis répondez.*

Vous êtes en France pour un séjour linguistique. Écoutez l'annonce de votre professeur.

1 • Le professeur vous propose d'aller voir...

    a. une pièce de théâtre.

    b. une comédie musicale.

    c. un spectacle de cirque.

2 • Le spectacle est du genre...

    a. comique. **b.** dramatique. **c.** romantique.

3 • À quelle heure commence-t-il ?

....

4 • Que doit-on faire si on veut y participer ?

....

5 • Quel est le lieu de rendez-vous pour les jeunes du centre ?

....

II Au téléphone

Exercice 44 *Lisez les questions. Écoutez l'enregistrement puis répondez.*

Vous habitez en France. Vous entendez ce message sur votre répondeur.

1 • Qui téléphone ?

    a. L'agence de voyage.

    b. Le magasin de téléphones portables.

    c. Le magasin de jeux vidéo.

2 • La commande est arrivée dans le magasin de...

    a. la Route d'Espagne.

    b. la Rue Saint-Rome.

    c. l'Avenue de l'Europe.

3 • Quand pouvez-vous retirer votre commande ?

....

4 • Vous pouvez aller au magasin...

    a. à 10 h 00. **b.** à 15 h 00. **c.** à 18 h 00.

5 • Pour retirer la commande vous devez apporter... (Une seule réponse demandée.)

....

Exercice 45 *Lisez les questions. Écoutez l'enregistrement puis répondez.* ////////////////////////////

Vous souhaitez mettre du crédit sur votre téléphone portable, en France. Vous entendez ce message.

1 • Que faut-il faire pour payer par carte bancaire ?

....

2 • Le code secret a combien de chiffres ?

....

3 • Une fois le code secret marqué, il faut taper sur la touche...

    a. dièse.   **b.** zéro.   **c.** étoile.

4 • Combien d'euros avez-vous maintenant ?

    a. 5.   **b.** 10.   **c.** 15.

5 • Jusqu'à quelle date cette somme est-elle disponible ?

....

////////// **III**   **Dans les lieux publics** ///

Exercice 46 *Lisez les questions. Écoutez l'enregistrement puis répondez.* ////////////////////////////

Vous êtes à la gare de Rouen. Vous entendez cette annonce.

1 • L'annonce parle du train n°...

....

2 • L'horaire normal d'arrivée du train est...

    a. 16 h 30.   **b.** 16 h 40.   **c.** 16 h 50.

3 • Les passagers qui ne veulent pas attendre peuvent se rendre à Paris en...

  a.    **b.**    **c.**

4 • Quel document doit-on présenter au guichet n°2 ?

....

5 • Pour se faire rembourser, il faut contacter le...

....

6 • Les autres trains à destination de Paris...

    a. auront du retard.   **b.** seront à l'heure.   **c.** seront en avance.

Exercice 47 *Lisez les questions. Écoutez l'enregistrement puis répondez.* /////////////////////////

Vous êtes dans un parc d'attraction, en France. Vous entendez cette annonce.

1 • L'annonce est pour...

    a. visiter un zoo.

    b. voir un spectacle de cirque.

    c. voir un film sur les animaux.

2 • Quels animaux peut-on voir ?

    a. Des singes, des lions et des éléphants.

    b. Des lions, des chevaux et des ours.

    c. Des chiens, des singes et des lions.

3 • Jusqu'à quelle heure peut-on profiter de la promotion ?

....

4 • Combien coûte l'entrée pour un adulte ?

    a. 3 euros 50.   **b.** 7 euros.   **c.** 15 euros.

5 • Où se trouvent les caisses pour acheter son entrée ?

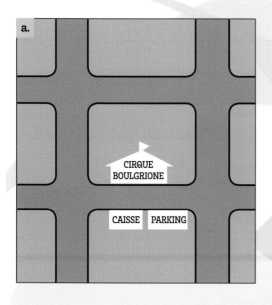

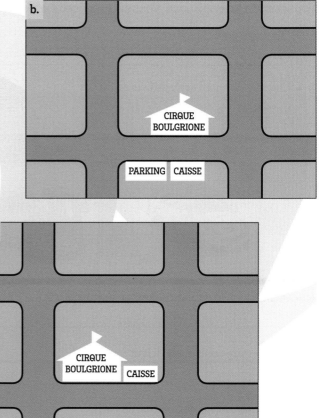

Exercice 48 *Lisez les questions. Écoutez l'enregistrement puis répondez.* ////////////////////////////

Vous êtes dans un musée, à Bruxelles.

1 • Que pouvez-vous voir dans ce musée ?

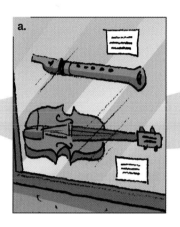  

2 • La personne qui vous parle est...

    a. votre professeur.   **b.** le guide du musée.   **c.** l'employée de l'accueil.

3 • Que devez-vous laisser à l'accueil ?

4 • Dans le musée, il est interdit de...

    a. manger.   **b.** téléphoner.   **c.** prendre des photos.

5 • Qu'est-ce qu'il y a au 2ᵉ étage du musée ?

....

Exercice 49 *Lisez les questions. Écoutez l'enregistrement puis répondez.* ////////////////////////////

Vous êtes dans un magasin, en France. Vous entendez cette annonce.

1 • Le magasin va fermer dans...

    a. 20 minutes.   **b.** 30 minutes.   **c.** 40 minutes.

2 • Que doivent faire les clients ?

....

3 • Pendant combien de jours le magasin sera-t-il fermé ?

....

4 • Vendredi 3 mars, le magasin sera ouvert...

    a. aux mêmes heures. **b.** moins longtemps. **c.** plus longtemps.

5 • Quelle est l'heure de fermeture le dimanche 5 mars ?

    a. 13 h 00. **b.** 19 h 40. **c.** 21 h 00.

IV À la radio

Exercice 50 *Lisez les questions. Écoutez l'enregistrement puis répondez.*

Vous écoutez la météo à la radio française.

1 • Quelle température fait-il à Paris ce matin ?

....

2 • Dans quelle ville fait-il -2° C ?

    a. À Nice. **b.** À Bordeaux. **c.** À Strasbourg.

3 • Quel temps fait-il en montagne ?

....

4 • Quelle carte correspond à la météo du jour ?

5 • Qu'y a-t-il à l'est ?

    a. Du vent. **b.** De la pluie. **c.** Du brouillard.

6 • Que devez-vous faire pour ne pas avoir de problème ?

....

Exercice 51 *Lisez les questions. Écoutez l'enregistrement puis répondez.* ////////////////////////////////////

Vous êtes en vacances, en France. Vous entendez cette information à la radio.

1 • Vous entendez cette information...

    a. le matin.   **b.** l'après-midi.   **c.** le soir.

2 • Sur les routes, il y a...

    a. 5 à 15 centimètres de neige.
    b. 15 à 20 centimètres de neige.
    c. 15 à 25 centimètres de neige.

3 • Les habitants de Lyon ne doivent pas prendre...

    a. la voiture.   **b.** le bus.   **c.** le métro.

4 • Sur le site « www.lyontransport.fr », quelle information trouve-t-on ?

    ....

> Si vous ne savez pas, utilisez votre bon sens. Les réponses sont souvent logiques.

5 • Pour des informations sur la météo, vous pouvez téléphoner au...

    ....

Exercice 52 *Lisez les questions. Écoutez l'enregistrement puis répondez.* ////////////////////////////////////

Vous êtes à Marseille. Vous entendez cette annonce à la radio locale.

1 • Le centre sportif se trouve...

    a. à l'est de Marseille.
    b. à l'ouest de Marseille.
    c. au centre de Marseille.

2 • Au centre sportif *La Plaine*, vous pourrez... (Plusieurs réponses possibles.)

    ....

3 • Quel jour le centre sera-t-il fermé ?

    ....

4 • Le matin, le centre ouvrira à...

    a. 8 h 00.   **b.** 9 h 00.   **c.** 10 h 00.

5 • Vous pouvez demander votre carte d'abonné le...

    a. mardi 6 mai.   **b.** vendredi 9 mai.   **c.** samedi 10 mai.

6 • Quelles informations pourrez-vous avoir le jour de l'ouverture ? (Plusieurs réponses possibles.)

    ....

Comprendre des annonces et des messages en français

Exercice 53 *Lisez les questions. Écoutez l'enregistrement puis répondez.* ////////////////////////

Vous êtes en France. Vous entendez cette annonce à la radio.

1 ● Les adolescents qui pratiquent un sport sont...

   a. peu nombreux.   **b.** assez nombreux.   **c.** très nombreux.

2 ● Quel âge ont ces jeunes ?

   ....

3 ● Quel sport préfèrent-ils ?

4 ● Ils aiment aussi... (Deux réponses demandées.)

   ....

5 ● Ils pratiquent un sport...

   a. deux fois par jour   **b.** deux fois par semaine.   **c.** deux fois par mois.

6 ● Que font les jeunes quand ils vont à l'Université ?

   ....

Exercice 54 *Lisez les questions. Écoutez l'enregistrement puis répondez.* ////////////////////////

Vous êtes en France, vous voulez aller à un concert ce soir.

1 ● À quelle heure est le concert de David Guetta ?

   ....

2 ● Combien coûte l'entrée ?

   ....

3 ● Dans quelle ville se trouve le concert de jazz ?

   ....

4 ● Où a lieu le concert de jazz ?

   a. Dans l'hôtel Negresco.   **b.** En face de l'hôtel Negresco.   **c.** Sur la terrasse de l'hôtel Negresco.

5 ● Quel est le genre musical du concert à Toulouse ?

   ....

Compréhension **orale**

Épreuve blanche de compréhension orale ... / 25 points

Exercice 1 *Lisez les questions. Écoutez l'enregistrement puis répondez.* /////////////////////////////

Vous êtes dans un magasin, à Lyon. Vous entendez cette annonce. **... / 5 points**

1 • Dans quel type de magasin entendez-vous cette annonce ? ... / 1 point

2 • Les promotions ont lieu pendant les soldes... ... / 1 point
   a. d'hiver.   **b.** de printemps.   **c.** d'été.

3 • Citez un produit qui a 50 % de réduction. (Plusieurs réponses possibles.) ... / 1 point
....

4 • La promotion à 60 % est valable... ... / 1 point
   a. uniquement aujourd'hui.   **b.** jusqu'au 14 février.   **c.** jusqu'au 16 février.

5 • Sur quel produit portent les promotions spéciales ? ... / 1 point
....

Exercice 2 *Lisez les questions. Écoutez l'enregistrement puis répondez.* /////////////////////////////

Vous êtes en France à l'occasion d'un séjour linguistique. La mère de votre famille d'accueil vous laisse
un message sur votre répondeur. **... / 6 points**

1 • Pourquoi la mère ne peut pas venir ? ... / 1,5 point
....

2 • Qui est Aurélie ? ... / 1 point

 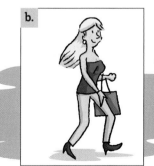 

3 • À quelle heure Aurélie viendra-t-elle vous chercher ? ... / 1 point
....

4 • Quel est le numéro de téléphone de la mère ?　　　　　　　　... / 1,5 point

　...

5 • Qu'il y a t-il dans le frigidaire ?　　　　　　　　　　　　... / 1 point

　　　a. Une tarte au fromage.　**b.** Une tarte au saumon.　**c.** Une tarte au poulet.

Exercice 3 *Lisez les questions. Écoutez l'enregistrement puis répondez.* ////////////////////

Vous écoutez cette émission sur une radio francophone.　　　　　　... / **6 points**

1 • Pourquoi parle-t-on de Julie K dans l'émission ?　　　　　　　... / 1 point

....

2 • Comment sont les chansons de Julie ?　　　　　　　　　　　... / 1 point

　　　a. Gaies.　**b.** Tristes.　**c.** Drôles.

3 • Que peut-on gagner au jeu ?　　　　　　　　　　　　　　... / 1 point

　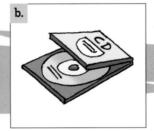　

4 • Pour participer au jeu, vous devez appeler le...　　　　　　　... / 1 point

　...

5 • Pour gagner, on doit donner...　　　　　　　　　　　　　　... / 1 point

　　　a. la date de naissance de Julie K.　**b.** le nom de l'album de Julie K.　**c.** la date de ses concerts.

6 • Quand Julie fait-elle un concert à Lille ?　　　　　　　　　... / 1 point

....

Exercice 4 *Associez chaque dialogue à la situation qui correspond.* ////////////////////////////////

Vous êtes dans le bus, en France. Vous entendez ces conversations.　　(2 points par dialogue) ... / **8 points**

Dialogue	Situation
Dialogue **1**	**a.** Donner son opinion.
Dialogue **2**	**b.** Refuser quelque chose.
Dialogue **3**	**c.** Se mettre d'accord sur quelque chose.
Dialogue **4**	**d.** Accepter une proposition.

Compréhension écrite

L'épreuve de compréhension écrite

Conseils pratiques — La compréhension écrite, qu'est-ce que c'est ?

La compréhension écrite est le deuxième exercice des épreuves collectives. Vous devez lire plusieurs documents et comprendre des informations simples et courtes pour répondre à plusieurs questions.

Combien de temps dure la compréhension écrite ?

La compréhension écrite dure 30 minutes. Comptez sept à huit minutes maximum pour chaque exercice. Il est important de faire attention au temps car la compréhension écrite est suivie de la production écrite qui comporte deux exercices.

Comment dois-je répondre ?

Le surveillant de la salle d'examen distribue la copie à tous les candidats. Vous devez écrire vos réponses sur cette copie dans la partie prévue pour cet exercice (de la page 5/6 à la page 11/12).

Combien y a-t-il d'exercices ?

Il y a 4 exercices.

Qu'est-ce que je dois faire ?

- **Lire le texte attentivement** une fois.
- **Lire les questions** et commencer à y **répondre**.
- **Relire le texte** ou certains passages du texte pour **vérifier les réponses**.
- **Compléter** les réponses.

Exercices	Types d'exercice	Questions	Nombre de points
Exercice 1	Comprendre des annonces courtes pour faire un choix (cadeau, menu, activités avec des amis, vacances...).	Il y a **5 annonces**. Une situation (exprimée par une courte phrase explicative) correspond à chaque annonce. Il faut **associer les 5 annonces aux 5 situations**.	5 points
Exercice 2	Comprendre un message personnel d'un ami ou d'une personne proche qui raconte une expérience ou fait des propositions...	• 5 questions pour les exercices 2 et 3 • 6 questions pour l'exercice 4 Types de questions : • des questions à choix multiples (choix entre plusieurs réponses ou plusieurs photos ou images) ; • des questions à réponse courte (écrire un mot, une courte phrase ou des chiffres) ; • des *vrai/faux* avec justification (dire si l'affirmation donnée est vraie ou fausse puis justifier en recopiant une phrase du texte).	6 points
Exercice 3	Comprendre des instructions (pour l'utilisation d'un objet, pour faire quelque chose).		6 points
Exercice 4	Comprendre un document informatif (publicité, article, annonce...).		8 points

Conseils du coach

1 ● Pour les questions *vrai/faux/justification*, vous devez **justifier** avec une phrase du texte. **Recopiez** la phrase, **ne reformulez pas**.

2 ● Pour les questions *vrai/faux/justification*, il est important que la phrase de justification tirée du texte soit **cohérente** avec la réponse *vrai/faux*.

3 ● Attention aux **pièges** ! Parfois la réponse peut paraître évidente après une lecture rapide mais **une seconde lecture** vous aidera à répondre correctement.

4 ● Ne répondez pas trop vite aux questions, vous avez suffisamment de temps, **il faut toujours vérifier ses réponses**.

5 ● Attention, pour les questions à choix multiples, **cochez une seule réponse** sauf s'il est précisé sur le livret que plusieurs réponses sont correctes.

6 ● Si vous ne comprenez pas un mot, **pas de panique**. La compréhension de ce mot n'est pas forcément nécessaire pour répondre aux questions. Peut-être que vous comprendrez ce mot avec le sens de la phrase.

7 ● **Attention à l'écriture et à l'orthographe** ; vos réponses doivent être lisibles, compréhensibles, surtout quand vous devez recopier une phrase du texte.

8 ● Il y a souvent **des dessins** qui accompagnent les textes. **Aidez-vous de ces illustrations** pour mieux comprendre.

46

///////////// **I** **À l'école** | Dans cet exercice, il faut repérer les mots clés de chaque annonce et de chaque situation. //

Exercice 1 *Écrivez le numéro de l'annonce qui correspond à chaque personne.* ///////////////////////////////

Vous êtes en France au salon des métiers. Vous voulez participer à un atelier avec vos amis.
Vous lisez ces annonces dans le programme du salon. Quelles activités allez-vous proposer à vos amis ?

> Dans cette annonce, les mots « cinéma », « acteur », « audiovisuel » vous aideront à trouver la réponse.

Atelier 1
Vous rêvez d'être acteur, réalisateur ou technicien de cinéma ? Cet atelier propose une découverte de l'audiovisuel et de ses différents métiers.

Atelier 2
Comment faire de délicieux croissants et pains au chocolat ? Un atelier pour découvrir les secrets de la pâtisserie française.

Atelier 3
Découvrir les métiers de la scène : opéra, danse, cirque, etc. avec une formation artistique mais aussi de gestion et d'administration.

Atelier 4
Cet atelier propose une initiation aux métiers de la restauration avec le grand Chef Gustave Lerni.

Atelier 5
Un atelier pour découvrir les métiers du Web. Comment réaliser un site internet, faire du marketing et du dessin sur ordinateur ?

	Annonce n°
a. Eva aimerait faire des films.	
b. Laura est passionnée de théâtre.	
c. Jules aime beaucoup l'informatique.	
d. Maxence adore cuisiner mais n'aime pas beaucoup les pâtisseries.	
e. Ines aimerait être boulangère.	

> *Film* est le mot clé de cette situation.

Exercice 2 *Écrivez le numéro de l'annonce qui correspond à chaque personne.* ///////////////////////////////

Vous êtes en France. Vos amis français doivent choisir un des cinq stages d'une semaine proposés par l'école.

Stage n°1
Développez votre imagination à travers le théâtre, le cirque, la musique, le cinéma, etc.

Stage n°2
À la découverte de nouvelles disciplines. VTT, escalade, poney, voile, plongée. À la mer, à la montagne ou à la campagne...

Stage n°3
Pour comprendre, aimer et respecter l'environnement. Séjour en plein air pour apprendre à contempler un paysage, à connaître les fleurs, les plantes et les animaux.

Stage n°4
Pour découvrir l'astronomie, la météorologie. Observez les étoiles et les planètes au télescope et apprenez à mesurer les vents et les températures.

Stage n°5
À travers des visites de châteaux et musées, apprenez à mieux connaître la préhistoire, le Moyen Âge, et les différentes périodes de l'histoire de France.

	Stage n°
a. Joachim adore l'histoire.	
b. Hugo aime l'art et les spectacles.	
c. Rachel veut faire un stage sportif.	
d. Julie aime toutes les sciences.	
e. Aurélia adore la nature.	

Lire pour faire un choix

Exercice 3 *Écrivez le numéro de l'annonce qui correspond à chaque personne.* ////////////////////////////////

Vous êtes à l'école, en France. Vous voulez proposer des activités sportives à vos amis.
Vous lisez ces annonces au secrétariat de votre école. Quelles activités sportives vont faire vos amis ?

Annonce 1

Le club de football de l'école cherche de nouveaux joueurs.
Matchs le mercredi après-midi.
Renseignements : M. Jugnet, salle 103.

Annonce 2

Cours de natation à la piscine Pailleron le mercredi, de 14 h à 16 h. Inscription auprès de Mme Ruby, salle 211.

Annonce 3

Le groupe de théâtre a besoin de danseurs pour le spectacle de fin d'année. Appeler Mathilde : 06 54 98 74 23.

Annonce 4

Venez vous entraîner le mercredi après-midi pour la course à pied contre la faim, qui aura lieu en juin. Informations : M. Girard, salle 205.

Annonce 5

Cours de tennis le mercredi, de 16 h à 17 h, au gymnase. Informations auprès de Mme Dumel, salle 106.

	Annonce n°
a. Noémie est très habile avec une raquette.	
b. Pauline aime courir.	
c. Loïc aime beaucoup danser.	
d. Antoine est passionné de sports d'équipe.	
e. Élise adore nager.	

Exercice 4 *Écrivez le numéro de l'annonce qui correspond à chaque personne.* ////////////////////////////////

Le professeur de français demande aux élèves de la classe de faire un exposé. Il propose plusieurs thèmes.

Exposé n°1
La France et ses vingt-deux régions : la montagne, le bord de mer et les collines.

Exposé n°2
Les grands hommes et femmes de l'Histoire et des Arts (hommes politiques, musiciens, écrivains, acteurs...) en France.

Exposé n° 3
Les spécialités françaises selon les régions : plats, fromages, desserts. Que mange-t-on en Alsace ou en Bourgogne... ?

Exposé n°4
La Francophonie : on parle la langue française dans beaucoup de pays. Quelle est la carte d'identité de la francophonie ?

Exposé n°5
Tous les films francophones de 1980 à nos jours : les films comiques, les films fantastiques ou les films d'action.

	Exposé n°
a. Émilie s'intéresse au français dans le monde.	
b. Ludovic adore la cuisine française.	
c. Mina est passionnée de cinéma.	
d. Alice est fascinée par les personnages célèbres.	
e. Pierre aime la géographie.	

II | Dans la vie quotidienne

Exercice 5 — *Écrivez le numéro de l'annonce qui correspond à chaque personne.*

Vous êtes en France. Vous choisissez une activité avec vos amis français.

Activité n° 1
Ce soir, à 20 h à l'*Ariston*, venez voir le film *Tout ce qui brille*. La place est à 5 € pour les moins de 18 ans.

Activité n° 2
Au complexe des *Minimes*, parties de bowling à 6 joueurs. Salle de jeux et un billard.

Activité n° 3
Super soldes dans toutes les boutiques de la Rue du Centre. Tous les vêtements et les chaussures à moins de 50 % !

Activité n° 4
À la piscine municipale, de 14 h à 19 h, nage libre, cours de natation. L'entrée est à 3 €.

Activité n° 5
À la discothèque *MODJI*, tous les samedis et dimanches après-midi, venez danser et écouter vos musiques préférées !

	Activité n°
a. Alexia veut faire du shopping.	
b. Manon adore le cinéma.	
c. Sarah aime beaucoup écouter de la musique et danser.	
d. Stéphanie aime les jeux de groupe.	
e. Aurélien veut faire du sport.	

Exercice 6 — *Écrivez le numéro de l'annonce qui correspond à chaque personne.*

Vous êtes en voyage en Belgique. Vous voulez aller à un festival de musique avec vos amis. Vous lisez ces annonces dans un agenda culturel. Qu'allez-vous proposer à vos amis ?

Annonce 1

FESTIVAL CUBA LIBRE
Dansez au rythme de la salsa ! Venez découvrir la culture cubaine en musique et en couleurs.

Annonce 2
100% TUBES
Le festival de la musique francophone actuelle. Les chanteurs les plus célèbres sont invités pour cette édition spéciale.

Annonce 3
• TECHNO FEST' •
Danser toute la nuit au rythme de la techno d'aujourd'hui avec les meilleurs DJ et découvrir la musique créée par ordinateur.

Annonce 4
RETRO STYLE
Rock and roll, swing, cha cha cha... Venez danser sur la musique des années 60 à 70 !

Annonce 5
MUSIQUES DU MONDE
Voyager avec la musique des cinq continents : Amérique, Europe, Asie, Afrique, Océanie. Un mélange musical, une découverte culturelle...

	Annonce n°
a. Marie aime écouter la musique de ses parents.	
b. Clara aime la musique électronique.	
c. Alexandre adore les chansons actuelles françaises.	
d. Jade aime découvrir les différentes cultures et styles musicaux.	
e. Mathilde est fan de musique d'Amérique latine.	

Lire pour faire un choix

Exercice 7 *Écrivez le numéro de l'annonce qui correspond à chaque personne.* ////////////////////////////////

Vous êtes en France. Vous voulez offrir des livres à vos amis francophones. Vous allez dans une librairie et vous regardez les différents livres. Quels livres allez-vous offrir à vos amis ?

Livre 1
Recettes faciles

1000 recettes pour réussir de bons petits plats à tout âge !

Livre 2
Regards sur Paris

Un livre de photographies magnifiques et inattendues sur la capitale.

Livre 3
Attends-moi !

L'histoire de deux adolescents amoureux... le livre le plus romantique de l'année !

Livre 4

Mille et une blagues
Le livre pour faire rire vos amis.

Livre 5
Le dictionnaire des films
Pour tout connaître sur les plus grands succès qui ont marqué notre temps.

	Livre n°
a. Wafa aime les histoires d'amour.	
b. Emma aime beaucoup cuisiner.	
c. Marie est passionnée par la photo.	
d. Pablo adore le cinéma.	
e. Jafar aime beaucoup les blagues et les histoires drôles.	

Exercice 8 *Écrivez le numéro de l'annonce qui correspond à chaque personne.* ////////////////////////////////

Vous êtes en voyage à Paris. Vous voulez visiter un musée avec vos amis. Vous lisez ces annonces dans un guide touristique. Quelles activités allez-vous proposer à vos amis ?

Annonce 1
LA CITÉ DE LA SCIENCE
Jeux et activités passionnantes pour découvrir la science. Testez votre équilibre ou fabriquez de l'énergie pour allumer une télévision !

Annonce 2
LE MUSÉE DE LA MODE ET DU TEXTILE
Présentation de vêtements du XVIIIᵉ siècle à nos jours. Tissus de toutes les couleurs et de toutes les origines.

Annonce 3
LE CENTRE POMPIDOU
Lieu de rendez-vous de tous les amateurs d'art moderne ! Œuvres des artistes les plus connus.

Annonce 4
MUSÉE DU CHOCOLAT
Appel à tous les gourmands ! Découvrez l'origine du cacao, la fabrication du chocolat et les meilleures recettes !

Annonce 5
LE MUSÉE NATIONAL DE LA MARINE
Admirez des bateaux de l'histoire maritime française. Magnifique collection de voiles et de tissus de bateaux.

	Annonce n°
a. Emma préfère l'art contemporain.	
b. Maxime aime beaucoup cuisiner.	
c. Romain adore les inventions et la technologie.	
d. Chloé aime les vêtements colorés.	
e. Jade aime le monde marin.	

Exercice 9 *Écrivez le numéro de l'annonce qui correspond à chaque personne.*

Vous voulez aller avec vos amis au salon des nouvelles technologie, à Montréal. Vous regardez le programme des activités. Quelles activités vont intéresser vos amis ?

Activité 1	**Activité 2**
Assistez à nos cours gratuits pour apprendre à faire de magnifiques dessins sur ordinateur. Stand 2 B.	Venez participer à nos nouveaux cours d'anglais, d'espagnol, de chinois, d'allemand ou d'arabe sur Internet. Stand 7 C.
Activité 3	**Activité 4**
Apprenez à mieux classer vos photographies avec nos albums en ligne. Stand 4 G.	Découvrez les livres numériques : plus de 1000 romans, BD, pièces de théâtre, etc. disponibles. Stand 8 F.

Activité 5
Jouer au hockey sans sortir de chez soi ? C'est possible avec nos jeux interactifs. À tester, stand 3 D.

	Activité n°
a. Coralie aime beaucoup lire.	
b. Paul voudrait parler plusieurs langues.	
c. Oscar adore dessiner avec son ordinateur.	
d. Laureen prend souvent des photos.	
e. Abdel est très sportif.	

Partie 2

Lire un message personnel

I   Entre amis

Exercice 10 *Répondez aux questions.*

Vous recevez ce message de votre amie française.

De: clasimon@libre.fr

Objet : sortie

Bonjour !

Comment ça va ? Je t'écris pour te proposer une sortie à vélo samedi prochain. Avec mes parents et des amis du collège, on va faire une randonnée dans les montagnes au-dessus de Grenoble. Je suis déjà allée là-bas dimanche dernier. C'est assez sportif car on va être sur les vélos toute la journée, mais les paysages sont très beaux et, en plus, il y a des chevaux magnifiques ! Tu as envie de venir avec nous ? Réponds-moi vite car il faut réserver l'auberge de montagne avant mercredi.

À bientôt

Clara

---

1 ● Que vous propose Clara ?

Attention ! Réponse piège : la sortie a lieu à la montagne mais a-t-on l'intention de faire du ski ?

2 ● Quand est prévue la sortie ?

Vous n'êtes pas obligé d'écrire une phrase complète. Vous pouvez réécrire le mot ou la partie du texte qui répond à la question.

....

3 ● Quelles personnes seront présentes ?

....

4 ● La sortie est...

    a. courte et facile.   **b.** longue et facile.   **c.** longue et un peu difficile.

5 ● Quand faut-il répondre à Clara pour réserver ?

    a. Aujourd'hui.   **b.** Mercredi.   **c.** Samedi.

Exercice 11 *Répondez aux questions.* //

Un ami français vous écrit ce message.

De : freddy@le4.fr

Objet : une fête formidable !

Salut !

Je veux te donner des nouvelles et surtout te raconter la soirée de samedi chez ma copine Sophie. Elle a fêté ses 16 ans ! Tout le monde est venu : les élèves de la classe, les cousins de Sophie et des amis que je ne connaissais pas. Il y avait plus de trente personnes. La fête a commencé vers 19 h 30, on a tous apporté quelque chose à manger - moi, j'ai préparé un gâteau au fromage. Puis on a dansé jusqu'à minuit. Sophie a choisi de la super musique : du rap, du rock, de l'électro. Deux garçons ont même dansé le hip hop. C'était génial ! Je me suis bien amusé !

J'espère que tu seras là pour mon anniversaire en février. Je vais organiser une super fête moi aussi. J'attends de tes nouvelles !

Fred

---

1 ● Samedi, on a fêté l'anniversaire de...

    a. Sophie. **b.** Fred. **c.** d'un élève de la classe.

Attention. On parle de toutes ces personnes dans le texte. Avez-vous bien lu avant de répondre à la question ?

2 ● Combien d'invités sont venus à l'anniversaire ?

....

Vous pouvez écrire les quantités en lettres ou en chiffres.

3 ● À quelle heure la fête s'est-elle terminée ?

....

Vous pouvez écrire l'heure de plusieurs manières. Par exemple : « huit heures », « 8 h » ou « 8 h 00 ».

4 ● Fred a apporté...

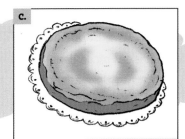

5 ● Deux amis ont dansé...

    a. le disco. **b.** le hip hop. **c.** le rock.

Exercice 12 *Répondez aux questions.* //

Vous recevez ce message de votre ami français.

De : victor5695@net.fr

Objet : Invitation

Salut !

C'est déjà la fin de l'année et je déménage dans le sud, la semaine prochaine. Avant de partir, j'organise une fête à la maison le samedi 30 juin, à partir de 19 h. Tu veux venir ? Thibault et Nadia arrivent à 18 h pour m'aider à tout installer. Tu peux venir avec eux si tu veux. Je vais acheter des chips et des boissons mais je veux bien que tu apportes ton gâteau au chocolat pour le dessert. Julien apporte de la bonne musique. On va pouvoir danser !

Réponds-moi avant jeudi car je vais faire les courses avec mes parents vendredi.

À bientôt !

Victor

---

1 ● Victor vous invite pour fêter...

    a. son départ. **b.** la fin des cours. **c.** son anniversaire.

2 ● Il vous propose d'arriver à...

    a. 18 h. **b.** 18 h 30. **c.** 19 h.

3 • Que devez-vous apporter ?

 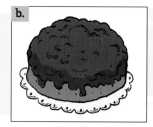 

4 • Qu'allez-vous faire pendant la soirée ?

....

5 • Avant quel jour devez-vous répondre à Victor ?

....

Exercice 13 *Répondez aux questions.*

Vous êtes en France, dans un centre de langue, pour un séjour linguistique. Une amie vous écrit ce message.

> **De : Lili@yooh.fr**
>
> **Objet : examen de français**
>
> Bonjour,
>
> Tu es toujours d'accord pour aller étudier le français à la bibliothèque, demain, avant l'examen de DELF B1 ? Je crois qu'elle est fermée le matin mais elle ouvre à 13 h 30, après le repas de midi. Je sortirai vite de la cantine pour aller prendre une table. Après 14 h 00, il n'y a plus de place, beaucoup d'étudiants vont à la bibliothèque. Apporte ton livre et ton cahier d'exercices et n'oublie pas : pour entrer à la bibliothèque, tu dois présenter ta carte d'étudiant. On peut y rester jusqu'à 15 h 30 car l'examen est à 16 h 00.
>
> À demain !
>
> Lisa

1 • Pourquoi Lisa veut-elle aller à la bibliothèque ?

    a. Pour emprunter un livre   **b.** Pour lire dans la salle de lecture.   **c.** Pour réviser un examen.

2 • Quand la bibliothèque ouvre-t-elle ?

....

3 • Vrai ou faux ? Cochez (✓) la case correspondante et recopiez la phrase ou la partie du texte qui justifie votre réponse.

Vous devez recopier le texte comme le demande la consigne. Ne reformulez pas les phrases.

	VRAI	FAUX
Il y a toujours de la place à la bibliothèque.		
Justification :		

4 • Que faut-il faire pour entrer à la bibliothèque ?

....

5 • L'examen commence à...

Attention ! Toutes ces heures apparaissent dans le texte. Avez-vous bien lu avant de répondre à la question ?

    a. 14 h 00.   **b.** 15 h 30.   **c.** 16 h 00.

Exercice 14 *Répondez aux questions.* ///

Vous êtes en France. Vous recevez ce message d'Axel, un ami français.

De : abouvres@gtul.fr

Objet : révisions...

Salut !

Comment ça va ? Moi, je suis super fatigué. Hier, j'ai terminé les exercices de biologie et après, j'ai révisé le contrôle de physique jusqu'à très tard le soir. Mais c'est trop compliqué, je n'arrive pas à comprendre. Est-ce que tu es d'accord pour m'aider samedi après-midi ? Tu peux venir chez moi à 13 h 30 ? Moi, je peux t'aider pour l'anglais, si tu veux, et après on ira au cinéma, c'est juste à côté de chez moi !

Bises

Axel

---

1 • Axel a des difficultés en...

    a. biologie.   **b.** physique.   **c.** anglais.

2 • Qu'est-ce qu'il vous demande ?

    ....

3 • Il propose de se retrouver...

    a. chez lui.   **b.** chez vous.   **c.** au cinéma.

4 • Quel jour et à quelle heure est le rendez-vous ?

    ....

5 • Axel habite...

    a. près de chez vous.   **b.** près du cinéma.   **c.** près du collège.

Exercice 15 *Répondez aux questions.* ///

Vous recevez ce message de votre amie française.

De : sarah-bellot@abcd.fr

Objet : Nouvelles

Salut !

Ma correspondante allemande vient d'arriver à la maison. Elle s'appelle Stefanie, elle est super sympa et super jolie : elle est grande, avec des cheveux longs et bruns et des yeux verts. Elle parle bien français. J'essaie de lui parler en allemand mais ce n'est pas facile, mon niveau n'est pas très bon...

Elle va rester une semaine et venir tous les jours à l'école avec moi. Samedi, mes parents vont nous emmener voir la tour Eiffel et dimanche, nous allons au parc *Disneyland Paris*. J'adore ce parc d'attraction, c'est génial ! Stefanie repart lundi mais je vais bientôt la revoir : nous allons en Allemagne avec l'école en avril, juste après les vacances de printemps.

Bises, à bientôt !

Sarah

Lire un message personnel

1 • Qui est Stefanie ?

 **a.**  **b.**  **c.**

2 • En allemand, Sarah est...

   a. excellente. **b.** bonne. **c.** moyenne.

3 • Que va faire Stefanie pendant la semaine ?

....

4 • Qu'est-ce que Sarah va faire dimanche ?

 **a.**  **b.**  **c.**

5 • Que fait Sarah en avril ?

....

Exercice 16 *Répondez aux questions.* //

Une amie du cours de français vous écrit ce message.

> **De : bella@hopla.fr**
> **Objet : Album photo**
> Salut à tous !
> Est-ce que vous voulez faire un album photo tous ensemble pour avoir un souvenir de notre voyage en France ? Si vous êtes d'accord, on se retrouve chez moi. Vous apportez toutes vos photos et on choisit les plus belles. On n'en choisit de 60 à 70 et on crée un album de 8 à 10 pages. Je vous propose de ne pas garder trop de photos de monuments et de musées. Les photos du groupe pendant les promenades en ville et pendant les soirées au centre d'accueil sont plus sympas !
>
> Si cette idée vous plaît, venez chez moi en fin de semaine (vendredi, samedi ou dimanche de 14 h 00 à 17 h 00).
> Répondez-moi !
> Annabelle

1 • Pourquoi Annabelle veut-elle faire un album photo ?

....

2 • Annabelle invite tout le monde chez elle pour...

    a. choisir les photos.   **b.** échanger les photos.   **c.** prendre des photos.

3 • Combien de photos allez-vous choisir ?

....

4 • Quelles photos Annabelle préfère-t-elle ?

5 • Vous pouvez aller chez Annabelle...

    a. vendredi matin.   **b.** samedi soir.   **c.** dimanche après-midi.

II | Dans la vie quotidienne

Exercice 17 *Répondez aux questions.*

Vous recevez cette lettre d'un journal français.

Nantes, le 15 janvier

Cher lecteur,

Vous recevez chaque semaine votre journal *Adomag*. Votre abonnement va bientôt se terminer.

Pour continuer à lire les passionnants articles d'*Adomag* sur le monde, la nature, les animaux et aussi les bandes dessinées et les informations sur vos stars préférées, renvoyez vite le formulaire ci-joint, par la poste, avec votre chèque.

Pour vous réabonner en ligne et régler par carte bancaire, allez sur notre site Internet www.adomag.fr. Vous pouvez aussi choisir un nouveau journal.

À partir du 10 février, vous ne recevrez plus votre journal. Alors faites vite : répondez avant le 1er février et recevez un DVD en cadeau !

À bientôt !

L'équipe d'*Adomag*

---

1 • De quoi vous informe cette lettre ?

    a. Votre journal change de nom.

    b. Vous n'allez plus recevoir votre journal.

    c. Vous allez recevoir un nouveau journal.

2 • Que trouve-t-on dans *Adomag* ? (Deux réponses.)

    a. Des posters.

    b. Des bandes dessinées.

    c. Des recettes de cuisine.

    d. Des articles sur des personnes célèbres.

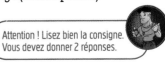

Attention ! Lisez bien la consigne. Vous devez donner 2 réponses.

3 • Que devez-vous envoyer par la poste pour vous réabonner ? (Deux réponses.)

....

4 • Si vous voulez payer par carte bancaire, que devez-vous faire ?

....

5 • Pour recevoir un DVD, vous devez répondre avant le...

    a. 15 janvier.   **b.** 1er février.   **c.** 10 février.

Lire un message personnel

Exercice 18 *Répondez aux questions.* //

Vous êtes en Belgique. Vous recevez ce message.

De : responsable@athletis.be

Objet : votre commande

Bonjour,

Vous avez commandé chez *Athletis, Tout pour le sport !*, un t-shirt vert et une paire de chaussures de sport modèle « Holé » de chez *Courvite*. Dans votre commande vous avez demandé le modèle « Holé » en noir, taille 39.

Votre commande est arrivée hier mais il y a un petit problème : les chaussures ne sont pas noires mais marron parce que le noir n'est plus disponible. Si le modèle marron vous intéresse, vous pouvez venir le chercher au magasin et nous vous donnerons une casquette en cadeau.

Si vous ne voulez pas la paire de chaussures marrons, nous pouvons vous rembourser les 49 € que vous avez déjà payés ou vous proposer un autre modèle du même prix.

Nous vous prions de nous excuser.

Nous attendons votre réponse.

Monsieur Labal

Responsable du magasin *Athletis*

Tout pour le sport !

---

1 • **Qui vous écrit ?**

    a. Un club d'athlétisme.   **b.** Un magasin d'articles de sport.   **c.** Un magasin de chaussures.

2 • **Qu'est-ce que vous avez acheté ?**

    ....

3 • *Athlétis* **vous informe d'un problème, lequel ?**

    a. Il n'y a plus la taille que vous avez commandée.

    b. Il n'y a plus la couleur que vous avez commandée.

    c. Il n'y a plus le modèle que vous avez commandé.

4 • *Athlétis* **peut vous offrir...**

      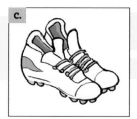

5 • Vrai ou faux ? Cochez (✓) la case correspondante et recopiez la phrase ou la partie du texte qui justifie votre réponse.

	VRAI	FAUX
Athletis peut vous rendre la somme que vous avez payée. Justification :		

Exercice 19 *Répondez aux questions.* //

Vous êtes en Belgique, vous recevez ce message de votre professeur de théâtre.

De : r.didon@etoile.fr

Objet : spectacle

Bonjour,

Je vous écris pour vous donner les dates de notre spectacle et quelques recommandations. Le spectacle est prévu pour le 17 mars à 20 h, au théâtre de l'Étoile. Vous devez être là-bas à 19 h 00 parce que le public arrivera vers 19 h 30. N'oubliez pas de prendre votre costume. Vous pourrez vous habiller dans le théâtre. Il y a une salle pour les garçons et une autre pour les filles. Chacun d'entre vous peut inviter un maximum de six personnes car la salle est très petite. Le spectacle est gratuit et la pièce dure 45 minutes. Attention, vous ne pourrez pas partir directement après le spectacle, il faut d'abord ranger la salle. Ensuite vous êtes tous invités à la cafétéria du théâtre pour fêter ensemble cette première représentation. Il y aura des gâteaux, des boissons et même une surprise…

À la semaine prochaine pour la dernière répétition à l'école !

Monsieur Didon

---

1 ● À quelle heure vous devez être au théâtre ?

    a. 19 h.   **b.** 19 h 30   **c.** 20 h.

2 ● Qu'est-ce que vous devez apporter ?

    ....

3 ● Vrai ou faux ? Cochez (✓) la case correspondante et recopiez la phrase ou la partie du texte qui justifie votre réponse.

	VRAI	FAUX
Vous pouvez inviter dix personnes.		
Justification :		

4 ● Que devez-vous faire après le spectacle ?

    ....

5 ● Monsieur Didon vous donne rendez-vous la semaine prochaine…

    a. pour une répétition.

    b. pour le spectacle.

    c. pour une fête.

Lire des instructions

I Dans les lieux publics

Exercice 20 *Répondez aux questions.*

Vous êtes en France. Vous lisez ce mode d'emploi.

PHOTOMATON ÉTOILE

Pour des photos d'identité réussies :
1. Mettez 4 euros dans la machine (attention, les billets et les cartes ne sont pas acceptés).
2. Asseyez-vous sur le siège et réglez la hauteur.
3. Regardez bien en face de vous.
4. Appuyez sur le bouton bleu. La première photo est prise. Si elle vous convient, validez avec le bouton vert. Sinon, effacez la photo avec le bouton rouge et recommencez. Vous pouvez faire jusqu'à 3 photos.
5. Vos photos vous attendent à l'extérieur de la cabine, 5 minutes après.

---

1 • C'est un mode d'emploi pour faire...

    a. un album photo.   **b.** des photocopies.   **c.** des photos d'identité.

2 • Combien coûte ce service ?

....

3 • Vous devez payer avec...

    a. des pièces.   **b.** des billets.   **c.** une carte bancaire.

4 • Pour effacer, vous devez appuyer sur quel bouton ?

    a. Bleu.   **b.** Rouge.   **c.** Vert.

5 • Combien de temps devez-vous attendre pour récupérer les photos ?

....

Exercice 21 *Répondez aux questions.*

Vous êtes dans le métro, à Paris. Vous lisez ces instructions.

Bienvenue sur le réseau de la RATP

Comment acheter vos titres de transport ?

Ils s'achètent dans les stations de métro, au distributeur automatique ou au guichet. Le ticket coûte 1,70 € à l'unité.

Le distributeur automatique est une machine moderne et facile à utiliser.

• Pour acheter des tickets, appuyez sur *Ticket Paris à l'unité* puis sélectionnez le nombre que vous voulez.

• Vous sélectionnez *Carnet de 10 tickets t+*. Vous pouvez acheter 10 tickets pour 12,70 €.

• Si vous avez moins de 26 ans, vous pouvez acheter un *Ticket Jeunes Week-end*. Il coûte 3,55 € et il permet de voyager pendant toute une journée en bus, métro et train dans Paris. Attention ! Ce ticket peut être utilisé uniquement un samedi, un dimanche ou un jour férié.

Pour terminer, payez votre titre de transport par carte bancaire ou par pièces.

Bon voyage !

1 • Où peut-on acheter un ticket de métro ?

a.

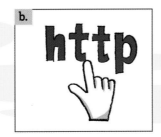
b.

c.

2 • Quel est le prix d'un ticket ?

....

Pour les prix, vous pouvez écrire
« € » ou « euros ».

3 • Vrai ou faux ? Cochez (✓) la case correspondante et recopiez la phrase ou la partie du texte qui justifie votre réponse.

	VRAI	FAUX
Avec la machine, vous pouvez acheter un seul ticket.		
Justification :..		

4 • Jusqu'à quel âge vous pouvez acheter un *Ticket Jeunes Week-end* ?

    a. 16 ans.   **b.** 26 ans.   **c.** 28 ans.

5 • Vous pouvez utiliser le *Ticket Jeune* pendant...

    a. une journée.   **b.** deux journées.   **c.** trois journées.

Exercice 22 *Répondez aux questions.* //

Vous êtes chez votre correspondant français. Vous lisez ces instructions dans le bus scolaire.

Règles de comportement dans les transports scolaires

- Attendre l'arrêt complet du bus avant de monter et avant de descendre.
- Ne pas pousser les camarades pour entrer ou sortir du bus, et à l'intérieur du bus.
- Présenter la carte de transport au conducteur quand vous entrez dans le bus.
- Mettre votre ceinture de sécurité.
- Mettre les sacs par terre près du siège ou sur les genoux.
- Faire attention aux élèves plus petits et plus jeunes.
- Rester assis pendant toute la durée du trajet.

- Parler avec respect au conducteur et aux accompagnateurs.
- En cas de problème, parler aux adultes qui sont dans le bus.
- Ne pas abîmer* les sièges.

Lorsque vous trouvez ce signe "*", cela veut dire qu'une définition du mot est donnée. N'oubliez pas de lire cette définition, elle va vous aider.

- Ne pas parler trop fort car on est nombreux.

* Abîmer : mettre en mauvais état.

Lire des instructions

1 • Que faut-il faire avant de monter dans le bus ?

....

2 • Quand vous entrez dans le bus, vous devez...

   a. payer un ticket au conducteur.

   b. montrer votre carte de transport.

   c. vous présenter.

3 • Que devez-vous faire pour votre sécurité dans le bus ?

....

4 • Où pouvez-vous mettre votre sac ?

   a. sur le siège.   **b.** sur les genoux.   **c.** dans le couloir du bus.

5 • Vrai ou faux ? Cochez (✓) la case correspondante et recopiez la phrase ou la partie du texte qui justifie votre réponse.

	VRAI	FAUX
Il est totalement interdit de parler dans le bus.		
Justification :		

Exercice 23 *Répondez aux questions.* //

Vous êtes en France. Vous vous informez sur la bibliothèque de votre quartier.

Bibliothèque Dumas

Horaires
Mardi, mercredi et vendredi : de 10 h à 19 h
Jeudi : de 14 h à 19 h
Samedi : de 9 h 30 à 12 h 30

Emprunts
Vous pouvez emprunter gratuitement, avec votre carte de bibliothèque, 6 livres et 2 magazines pour une durée maximale de 4 semaines. (Attention ! Les nouveautés ne peuvent être empruntées que pendant une semaine.) Vous ne pouvez pas emprunter les dictionnaires. Vous pouvez emprunter 3 CD et 3 DVD pendant une semaine avec la carte *Biblio+*, au tarif de 40 € par an (tarif réduit : 30 € par an, pour les moins de 25 ans).

Règlement
Il est interdit de manger ou de boire dans la bibliothèque. Merci de reposer les livres sur les étagères après utilisation.

1 • Quels jours la bibliothèque est-elle fermée ?

....

2 • Combien de livres pouvez-vous emprunter ?

   a. Deux.   **b.** Quatre.   **c.** Six.

3 • Qu'est-ce que vous ne pouvez pas emprunter ?

4 • Pendant combien de temps pouvez-vous emprunter des DVD ?

   a. 1 semaine.   **b.** 2 semaines.   **c.** 3 semaines.

5 • Combien coûte la carte *Biblio+* pour les jeunes ?

....

//////// II | **À la maison** ///

Exercice 24 *Répondez aux questions.* //

Vous êtes sur internet. Vous lisez ces instructions.

> *Quand vous participez à un forum, vous devez faire attention à ce que vous écrivez et à ce que les autres écrivent.*
>
> **À faire...**
>
> - Écrire correctement. Vous recevez plus de réponses quand vous écrivez en français compréhensible.
> - Écrire à sécurité@forumplus.fr , si vous vous posez des questions ou si quelque chose ne vous semble pas normal et expliquer le problème.
> - Utiliser les messages privés si vous avez besoin d'écrire à une personne en particulier.
>
> **À ne pas faire** :(
>
> - Donner votre nom ou vos coordonnées personnelles, ou des informations privées dans vos messages publics, sur les forums ou les chats.
> - Donner le nom ou les coordonnées d'une autre personne sur le forum.
> - Répondre aux annonces qui vous semblent très intéressantes (loteries, casinos, rencontres...).

1 • **Vous recevrez plus de messages si vous...**
    a. écrivez avec des symboles ou émoticônes.
    b. écrivez en français correct.
    c. posez beaucoup de questions.

2 • Que devez-vous faire si quelque chose n'est pas normal ?

....

3 • Quand faut-il utiliser les messages privés ?

....

4 • À quelles annonces ne faut-il pas répondre ?
    a. Une publicité pour un cours de cuisine.   **b.** Une annonce sur un casino.   **c.** Une publicité pour un film.

5 • Vrai ou faux ? Cochez (✓) la case correspondante et recopiez la phrase ou la partie du texte qui justifie votre réponse.

	VRAI	FAUX
Sur un forum, vous pouvez donner vos coordonnées.		
Justification :		

Exercice 25 *Répondez aux questions.* //

Vous lisez cette recette dans un livre de cuisine.

Recette des petits sablés

Durée de la préparation : environ 30 minutes

Pour 6 personnes :

- 1 œuf
- 75 grammes de sucre
- 250 grammes de farine
- 150 grammes de beurre
- 80 grammes de poudre d'amande

Attention !
Il faut sortir le beurre du frigidaire
une heure avant la préparation.

1. Mélangez l'œuf, le sucre et la poudre d'amande dans un saladier.
2. Ajoutez en une fois toute la farine.
3. Mélangez avec les doigts.
4. Quand la pâte a un aspect de sable, ajoutez le beurre coupé en petits morceaux.
5. Mélangez.
6. Étalez la pâte au rouleau à pâtisserie.
7. Découpez des ronds dans la pâte.
8. Cuire environ 15 minutes au four à 200°C.

Variante :
Vous pouvez aussi ajouter du chocolat ou du citron.

Bon appétit !

1 ● Qu'est-ce qu'il y a dans cette recette ?

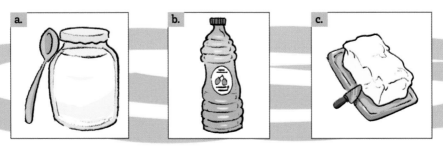

2 ● Pour faire des sablés, il faut mélanger avec....

    a. une fourchette. **b.** les doigts. **c.** une cuillère.

3 ● Quel ingrédient devez-vous ajouter avant d'étaler la pâte ?

    a. La farine. **b.** Le sucre. **c.** Le beurre.

4 ● Vous pouvez aussi mettre...

    a. du chocolat. **b.** de l'orange. **c.** du café.

5 ● Combien de temps dure la cuisson ?

Exercice 26 *Répondez aux questions.* //

Vous êtes en France. On vous donne ce dépliant dans votre boîte aux lettres.

Que faut-il faire pour sauver la planète ?
J'AIME MA PLANÈTE !

- Se déplacer avec les transports publics, à pied ou à vélo.
- Ne pas jeter les papiers et les déchets dans la nature.
- Sélectionner ce qu'on jette : le papier et le carton dans la poubelle jaune, les bouteilles et le verre dans la poubelle blanche, le plastique dans la poubelle bleue.
- Éteindre la lumière quand on sort d'une pièce.
- Éteindre le chauffage quand on n'est pas là.

- Planter des arbres.
- Ouvrir les fenêtres de la maison 10 minutes par jour pour changer l'air.
- Ne pas laisser couler l'eau trop longtemps.
- Prendre une douche plutôt qu'un bain.
- Manger les fruits et les légumes de saison.

1 • Pour sauver la planète, comment devez-vous vous déplacer ?

   a. En voiture   **b.** En autobus.   **c.** En scooter.

2 • Vous devez jeter le verre dans la poubelle...

   a. bleue.   **b.** jaune.   **c.** blanche.

3 • Que devez-vous faire avant de sortir d'une pièce ?

   ....

4 • Pourquoi devez-vous ouvrir les fenêtres de la maison ?

   ....

5 • Que faut-il faire pour diminuer la consommation d'eau ?

Exercice 27 *Répondez aux questions.* ///

Vous êtes en France, dans votre famille d'accueil. Vous voulez faire un jeu de société. Lisez les règles du jeu.

Qui est-ce ?

Contenu
- 2 plateaux de jeu
- 20 cartes personnages
- règle du jeu
- un chronomètre

Qui est-ce ? est un jeu pour les adultes et pour les enfants. Il peut se jouer à deux personnes ou plus.

But du jeu
Découvrir le personnage mystère.

Avant le jeu
Avant de commencer la partie, un joueur prend une carte : c'est le personnage mystère. Attention, ce personnage doit rester secret, donc les autres joueurs ne doivent pas voir la carte.

Chaque personnage de *Qui est-ce ?* a des caractéristiques physiques particulières.
Exemple : Il y a deux hommes blonds mais le premier a des lunettes et les yeux verts et le second a un chapeau et les yeux bleus.

Déroulement
Pour découvrir le personnage mystère, les joueurs posent des questions. Le joueur le plus jeune commence. Celui qui découvre le prénom du personnage mystère en moins d'une minute gagne 1 point. Il gagne 2 points s'il le découvre en moins de 30 secondes.

Attention, si un joueur dit un nom incorrect, il ne peut plus jouer jusqu'à la prochaine partie.

1 • Ce jeu est...

   a. pour les enfants.   **b.** pour les adultes.   **c.** pour tous.

2 • Vrai ou faux ? Cochez (✓) la case correspondante et recopiez la phrase ou la partie du texte qui justifie votre réponse.

	VRAI	FAUX
Vous pouvez jouer au *Qui est-ce ?* à trois. *Justification :*		

3 • Vrai ou faux ? Cochez (✓) la case correspondante et recopiez la phrase ou la partie du texte qui justifie votre réponse.

	VRAI	FAUX
Tout le monde peut voir le personnage mystère. *Justification :*		

4 • Pour gagner, il faut....

   a. dire l'âge du personnage mystère.
   b. dire le prénom du personnage mystère.
   c. dire le prénom de tous les personnages.

5 • Comment peut-on gagner 2 points ?

   ....

//////////// **III** | **À l'école** //

Exercice 28 *Répondez aux questions.* //

Vous êtes en France pour un échange scolaire. Vous lisez cette annonce dans votre école.

Sortie ski à Isola 2000

Vendredi 12 février, de 9 h à 20 h 30

Cette sortie est proposée à tous les élèves du collège *La Fontaine*.

Pour s'inscrire, les élèves intéressés doivent se présenter, avant le 9 février, au secrétariat du collège avec :
- une autorisation des parents ;
- le carnet de santé ;
- le formulaire d'inscription ;
- un chèque de 55 euros.

Le jour de la sortie, les élèves inscrits doivent se présenter à 8 h 30, devant le collège.

Les élèves doivent apporter les objets suivants :
- des lunettes de soleil ;
- de la crème solaire ;
- des vêtements chauds ;
- un goûter.

Le déjeuner et la location des skis sont compris dans le prix.

> **Attention !**
> Si vous êtes intéressé, réservez rapidement car le nombre de participants est limité à 30 personnes.

---

1 • Cette sortie a lieu...

    a. en hiver.   **b.** au printemps.   **c.** en été.

2 • Vrai ou faux ? Cochez (✓) la case correspondante et recopiez la phrase ou la partie du texte qui justifie votre réponse.

	VRAI	FAUX
Vous pouvez vous inscrire jusqu'au 12 février. *Justification :*		

3 • Vous devez apporter...

4 • Le rendez-vous pour le départ est à quelle heure ?

    a. 8 h.   **b.** 8 h 30.   **c.** 9 h.

5 • Qu'est-ce qui est inclus dans le prix ?

    a. Le petit déjeuner.   **b.** Le déjeuner.   **c.** Le goûter.

Exercice 29 *Répondez aux questions.* //

Dans un magazine français, vous lisez ces instructions.

Comment se motiver pour les devoirs ?

Quand tu rentres chez toi après l'école, ce n'est pas toujours facile de trouver la motivation pour faire les devoirs.

Voici quelques conseils. Tu vas voir, ça marche !

Avant de commencer...

1. Décide à quelle heure exactement tu vas commencer à travailler.
2. Mange quelque chose.
3. Ne regarde pas la télé.
4. N'allume pas ton ordinateur.

Pour bien travailler...

1. Installe-toi dans un espace réservé au travail. Le mieux, c'est ton bureau bien sûr ! Et un bureau bien rangé et avec une bonne lampe, c'est idéal…
2. Commence par une matière que tu aimes. Quand tu as commencé, tu as plus envie de tout faire et de terminer.
3. Si tu as besoin de musique pour travailler, écoute un CD mais pas trop fort.
4. N'écoute pas de musique avec le casque.

1 • Quand on rentre de l'école, il est difficile de...

....

2 • Avant de commencer, on peut...

    a. regarder la télé.

    b. manger quelque chose.

    c. aller chez un copain.

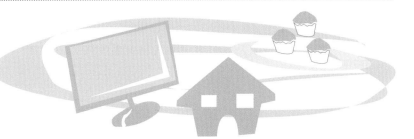

3 • Comment doit être le bureau ?

....

4 • Par quoi faut-il commencer ?

    a. Par allumer l'ordinateur.   **b.** Par les matières qu'on préfère.   **c.** Par les matières qu'on n'aime pas.

5 • Comment faut-il écouter la musique ?

Exercice 30 *Répondez aux questions.* //

Vous recevez cette lettre pour passer un examen, en France.

> Bonjour,
>
> Vous êtes inscrit à l'examen du DELF A2 Junior. Vous devez venir :
>
> > **le vendredi 22 février à 10 h 15
> > au Centre des examens de la Ferté-sur-Mer
> > dans la salle 004 (au premier étage)
> > L'examen dure 1 h 40**
>
> Vous devez apporter les documents suivants :
> • une pièce officielle d'identité (carte d'identité ou passeport) ;
> • votre fiche d'inscription avec votre numéro de candidat.
>
> Nous vous rappelons que les téléphones portables doivent être éteints. Aucun document personnel n'est autorisé sur la table, pendant l'examen.
> Nous vous conseillons de venir un quart d'heure avant l'examen.
> Aucun retard ne sera accepté.
> Vous recevrez vos résultats trois semaines après la date de l'examen.
> Meilleures salutations
>
> *Monsieur Giran
> Directeur du Centre des Examens de la Ferté-sur-Mer*

1 • Où se passe l'examen ?

....

2 • Vous devez apporter ?

3 • Vrai ou faux ? Cochez (✓) la case correspondante et recopiez la phrase ou la partie du texte qui justifie votre réponse.

	VRAI	FAUX
Les téléphones portables sont interdits pendant l'examen.		
Justification :		

4 • On vous conseille de venir....

    a. à 10 h. **b.** à 10 h 15. **c.** à 10 h 30.

5 • Quand aurez-vous les résultats ?

....

Exercice 31 *Répondez aux questions.* //

Vous êtes à l'école, en France. Vous lisez le règlement de l'école.

Règlement du collège *Jean Moulin*

• Le collège ouvre tous les matins à 7 h 45. Les élèves attendent leur professeur dans la cour de récréation avant d'entrer en classe.
• Si un professeur est absent, les élèves vont en salle de travail.
• Si un élève est absent, ses parents doivent téléphoner au directeur pour le prévenir au plus tôt. À son retour à l'école, l'élève doit présenter au directeur un mot signé de ses parents pour expliquer son absence.
• Quand les élèves sont en sortie avec l'école, le professeur responsable raccompagne les élèves devant l'école. Ces jours-là, les parents doivent venir les chercher.
• Pour tout problème ou toute question, les parents peuvent prendre rendez-vous avec le directeur en téléphonant au secrétariat (03 85 31 90 77).
• L'école est fermée le samedi après-midi et le dimanche.

1 • Où les élèves doivent-ils attendre leur professeur le matin ?

   ....

2 • Si un professeur est absent, où vont les élèves ?

   a. Dans la cour de récréation.   **b.** À la bibliothèque.   **c.** En salle d'études.

3 • Si un élève est absent, que doivent faire ses parents ? (Deux réponses possibles.)

   ....

Deux réponses sont possibles mais vous pouvez en donner une seule.

4 • Les parents doivent venir chercher leur enfant quand...

   a. il y a une sortie scolaire.   **b.** les cours finissent plus tôt.   **c.** un professeur est absent.

5 • Pour prendre rendez-vous avec le directeur, qu'est-ce qu'il faut faire ?

Partie 4

Lire pour s'informer

I **Sur la société**

Exercice 32 *Répondez aux questions.*

Vous êtes en France. Vous lisez cet article dans un journal.

Les Français aiment de plus en plus les animaux de compagnie...

En Europe, c'est la France qui compte le plus d'animaux de compagnie. Il y en a plus de 61 millions. Une famille sur deux possède un chien, un chat, un poisson rouge ou un rongeur*. Mais les animaux préférés des Français sont les poissons ! Après, ce sont les chats et les chiens. Une famille française sur quatre possède au moins un chien mais le nombre de chats augmente parce que les maisons sont plus petites, il y a moins de jardins et les chats prennent moins de place.
Les Français dépensent au moins 800 € pour un chien et 600 € pour un chat.

Classement de dépenses :

1. la nourriture ;

2. le vétérinaire/les vaccins ;

3. la propreté et l'hygiène ;

4. Les gadgets (jouets, petites balles, etc.).

Et vous, avez-vous un animal domestique ?

*Rongeur : la souris, le rat, le hamster sont de la famille des rongeurs.

---

1 • Vrai ou faux ? Cochez (✓) la case correspondante et recopiez la phrase ou la partie du texte qui justifie votre réponse.

	VRAI	FAUX
Il y a beaucoup d'animaux domestiques en France. *Justification :*		

2 • Combien d'animaux de compagnie y a-t-il en France ?

....

3 • Les Français préfèrent...

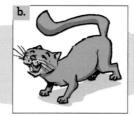

4 • Le nombre de chats augmente parce que...

    a. les chats mangent moins que les chiens.

    b. les chats sont plus petits que les chiens.

    c. les chats sont plus gentils que les chiens.

5 • Combien de familles possèdent un chien ?

....

....

6 • Qu'est-ce qui coûte plus cher aux Français ?

    a. La nourriture des animaux de compagnie.

    b. Les dépenses de vétérinaire.

    c. Les jouets des animaux de compagnie.

Exercice 33 *Répondez aux questions.*

Vous lisez ce message sur Internet.

Paris Jeunes Talents

Vous êtes artiste amateur et vous rêvez de devenir professionnel ? Les prix *Paris Jeunes Talents* vous aident à débuter dans votre carrière et à réaliser votre projet artistique. Vous devez louer une salle pour votre groupe de musique ou acheter des costumes de théâtre ? Si vous avez moins de 30 ans, vous pouvez demander une aide *Paris Jeunes Talents* et recevoir entre 500 € et 1500 € !

Comment faire pour participer ?
1. Choisir sa catégorie : audiovisuel, musique, spectacle vivant.
2. Remplir le formulaire d'inscription en ligne.
3. Présenter son projet à l'écrit.

Les Prix *Paris Jeunes* Talents, le calendrier
- 15 novembre : début des inscriptions en ligne sur www.jeunes.paris.fr.
- 1er février, minuit : date limite des inscriptions.
- Printemps : première sélection.
- Mai / Juin : audition des finalistes devant le jury de leur catégorie.
- Fin juin : Nuit *Paris Jeunes Talents* à la Mairie de Paris et annonce officielle des gagnants.

1 • Le concours s'adresse aux...

    a. artistes amateurs.   **b.** artistes professionnels.   **c.** artistes parisiens.

2 • Citez un des objectifs de *Paris Jeunes Talents*.

....

3 • Vous pouvez participer si vous avez...

    a. trente ans.   **b.** plus de trente ans.   **c.** moins de trente ans.

4 • Comment peut-on s'inscrire ?

    a. Par téléphone.   **b.** Par courrier.   **c.** Sur internet.

5 • Vous pouvez vous inscrire si vous faites... (Deux réponses possibles.)

    a. de la danse.   **b.** de la musique.   **c.** de la sculpture.   **d.** du dessin.

6 • Vrai ou faux ? Cochez (✓) la case correspondante et recopiez la phrase ou la partie du texte qui justifie votre réponse.

	VRAI	FAUX
Vous pouvez vous inscrire le 13 février. *Justification :*		

Exercice 34 *Répondez aux questions.* ///

Vous lisez cet article sur un site Internet français.

Derniers jours pour patiner à Paris

La patinoire installée place de l'Hôtel de ville, à Paris, reste ouverte encore quelques jours. Venez en profiter ! Vous pouvez louer des patins sur place à 5 € (avec votre pièce d'identité) et si vous venez avec vos propres patins, c'est gratuit.

La patinoire est ouverte du lundi au vendredi de 12 h à 22 h et les samedis et dimanches de 9 h à 22 h. Vous pouvez aussi prendre des cours gratuits le samedi et dimanche, de 10 h à 12 h : danse, hockey sur glace, vitesse... Il y en a pour tous les goûts !

N'oubliez pas de venir avec vos gants, ils sont obligatoires, et vous ne pouvez pas les louer sur place. Alors dépêchez-vous, après le 4 mars, ce sera trop tard !

Place de l'Hôtel de Ville
75 004 Paris
☎ **3975**

www.paris.fr
D'après : http://www.jeunes.paris.fr/derniers-jours-pour-patiner-au-coeur-de-paris

---

1 • Combien coûte la location de patins à glace ?

    a. 0 euro.   **b.** 2 euros.   **c.** 5 euros.

2 • Que faut-il présenter pour louer des patins à glace ?

    ....

3 • Quels jours la patinoire ouvre-t-elle plus tôt ?

    ....

4 • Vrai ou faux ? Cochez (✓) la bonne réponse et recopiez la phrase ou la partie du texte qui justifie votre réponse.

	VRAI	FAUX
a. Les cours de hockey sur glace sont payants. *Justification :*		
b. Vous pouvez louer des gants sur place. *Justification :*		

5 • Quel jour la patinoire ferme-t-elle définitivement ?

    a. Le 3 mars.   **b.** Le 4 mars.   **c.** Le 5 mars.

Exercice 35 *Répondez aux questions.* ///

Vous êtes en France. Vous lisez cet article dans un journal.

LA FÊTE DE LA NATURE

Du 18 au 22 mai, dans de nombreuses villes de France, a lieu la cinquième fête de la Nature.

La *fête de la nature*, ce sont des manifestations pour tous, pour les petits et les grands, sur le thème de la nature : la forêt, le ciel, la mer, la campagne et les océans. On fait de grandes chasses aux trésors, des promenades à travers les forêts et les parcs naturels, on observe le ciel, on visite des expositions, on observe les fleurs, les animaux, etc.

À Mont-Bernanchon, vous pouvez observer les abeilles et goûter leur miel ! À Paris, vous pouvez participer à la grande chasse aux trésors. À Coubron, vous pouvez regarder les oiseaux migrateurs et écouter leur chant et chez vous... ?

Cherchez si la fête a lieu près de chez vous, choisissez la manifestation qui vous plaît et inscrivez-vous, c'est gratuit !

5 000 manifestations partout en France : informations sur
www.fetedelanature.com

---

1 ● Où a lieu la fête de la nature ?

....

2 ● Vrai ou faux ? Cochez (✓) la case correspondante et recopiez la phrase ou la partie du texte qui justifie votre réponse.

	VRAI	FAUX
C'est la première fois que la fête de la nature a lieu.		
Justification :		

3 ● À qui s'adresse la fête de la nature ?

    a. Aux personnes qui habitent en ville.   **b.** Aux personnes qui habitent à la campagne.   **c.** À tout le monde.

4 ● Qu'est-ce qu'on fait pour la fête de la nature ?

    a. On se rencontre pour faire des pique-niques.
    b. On participe à des manifestations sur le thème de la nature.
    c. On part à la campagne.

5 ● Quelle activité y a-t-il à Mont-Bernanchon ?

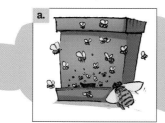  

6 ● Que doit-on payer pour participer à la fête de la nature ?

....

Exercice 36 *Répondez aux questions.* //

Vous lisez cet article dans un journal francophone.

Le temps du Carnaval

Toutes les grandes villes du monde organisent un carnaval au mois de février. Les plus connus sont ceux de Nice, Dunkerque, Rio de Janeiro, Venise ou encore Québec.

Pendant les carnavals, les gens se déguisent, chantent, dansent... C'est une période de fête.

Les carnavals existent depuis très longtemps. Avant, selon la tradition, on inversait tout : les jeunes se déguisaient en vieux, les riches en pauvres... Aujourd'hui, les déguisements sont très variés : on trouve des clowns, des animaux, des super-héros comme *Spiderman* ou *Batman*... À Dunkerque, les hommes s'habillent en femme et les femmes se déguisent en homme. À Venise ou à Rio de Janeiro, les gens portent des masques.

Le mardi gras est le jour le plus important du carnaval : c'est le jour où on mange des crêpes avant la période de carême, c'est-à-dire une période où on ne mangeait pas !

Le carnaval permet à tout le monde de faire la fête et de ne plus penser aux problèmes.

D'après : http://1jour1actu.com/culture/d%E2%80%99ou-vient-la-tradition-du-carnaval/

1 • Vrai ou faux ? Cochez (✓) la bonne réponse et recopiez la phrase ou la partie du texte qui justifie votre réponse.

	VRAI	FAUX
Il y a des carnavals partout dans le monde. *Justification :*		

2 • Que font les gens pendant le carnaval ? (Plusieurs réponses possibles.)

....

3 • Vrai ou faux ? Cochez (✓) la bonne réponse et recopiez la phrase ou la partie du texte qui justifie votre réponse.

	VRAI	FAUX
On organise des carnavals depuis peu de temps. *Justification :*		

4 • Avant, pendant le carnaval, les enfants s'habillaient...

    a. en clowns. **b.** en adultes. **c.** en animaux.

5 • Comment s'habillent les hommes au carnaval de Dunkerque ?

....

6 • Pendant le carnaval, les gens...

    a. dorment peu. **b.** ne mangent pas. **c.** oublient leurs problèmes.

II | Sur l'actualité, les spectacles

Exercice 37 *Répondez aux questions.*

Vous lisez cette annonce dans un magazine français pour adolescents.

À seulement 19 ans, Kev Adams, jeune humoriste*, a déjà des milliers de fans...

Mais qui est Kev Adams ?

- Kev Adams avait 16 ans quand il a fait son premier spectacle.
- Il a commencé en jouant ses sketches devant ses petits frères pour voir s'il pouvait faire rire le public.
- Ses sujets préférés, pour faire rire le public, sont les ados, les parents, les profs, l'école, les copains, les filles.
- Il a 500 000 fans sur sa page Facebook et ses salles de spectacle se remplissent en 5 minutes ; les spectateurs sont surtout des jeunes ados.
- Il est sur scène du jeudi au samedi, à 21 heures, au Palais des Sports. Tarif : 15 et 20 €. Réservation : Tél : 01 47 06 53 85. Informations sur www.billeterieenligne.com

* Humoriste : auteur de textes comiques, qui fait rire.

---

1 • À quel âge Kev Adams a commencé les spectacles ?

   a. À 15 ans   **b.** À 16 ans.   **c.** À 19 ans.

2 • Qui étaient ses premiers spectateurs ?

   ....

3 • De quoi K. Adams parle-t-il dans ses spectacles ? (Donnez deux réponses.)

   a. Des jeunes.   **b.** De l'actualité.   **c.** De politique.   **d.** Des amis.

4 • Qui va voir les spectacles de K. Adams ?

a.

b.

c.

5 • Les salles de spectacles de K. Adams sont toujours....

   a. pleines.   **b.** vides.   **c.** grandes.

6 • Que faut-il faire pour réserver ?

   ....

Exercice 38 *Répondez aux questions.*

Vous lisez cet article dans un magazine francophone.

Interview de l'acteur Jamel Debbouze

Dans son nouveau spectacle *Tout sur Jamel,* Jamel Debbouze raconte sa vie depuis son enfance.

Quand tu étais adolescent, tu étais comment ?

Je rêvais. À l'école, je n'écoutais pas beaucoup. Un jour, mon professeur de mathématiques m'a fait sortir de la classe et j'ai découvert un cours de théâtre dans la salle à côté ! J'ai participé et j'ai tout de suite adoré. Le théâtre est devenu ma passion.

Comment a réagi ta famille ?

Au début, ils n'étaient pas d'accord. Mon père était très en colère. Mais ensuite, ils ont vu que j'étais heureux et ils ont accepté. Aujourd'hui, je pense qu'ils sont fiers de moi.

Quels conseils peux-tu donner aux jeunes qui rêvent d'être comédiens ?

Pour devenir célèbre, il faut beaucoup travailler et aussi avoir de la chance. Si on a vraiment envie d'être comédien, il faut essayer et si ça ne marche pas, ce n'est pas grave. C'est très bien d'avoir des rêves !

Merci beaucoup, Jamel, d'avoir répondu à nos questions !

1 • Quelle est la profession de Jamel ?

....

2 • De quoi parle le nouveau spectacle de Jamel ?

....

3 • Vrai ou faux ? Cochez (✓) la case correspondante et recopiez la phrase ou la partie du texte qui justifie votre réponse.

	VRAI	FAUX
Jamel a découvert le théâtre dans son école.		
Justification :		

4 • Quelle a été la première réaction des parents de Jamel ?

   a. Ils étaient fiers.   **b.** Ils ont accepté.   **c.** Ils n'étaient pas d'accord.

5 • Pour Jamel, que faut-il faire pour devenir célèbre ?

....

6 • Vrai ou faux ? Cochez (✓) la case correspondante et recopiez la phrase ou la partie du texte qui justifie votre réponse.

	VRAI	FAUX
Jamel dit qu'il ne faut pas trop rêver.		
Justification :		

Exercice 39 *Répondez aux questions.* //

Vous lisez cet article dans un magazine francophone.

Salon du livre et de la presse jeunesse

Le Salon du livre et de la presse jeunesse de Montreuil ouvre ses portes le 30 novembre.
C'est le moment de découvrir de nouveaux livres et de nouvelles histoires jusqu'au 5 décembre.

Le Salon du livre et de la presse jeunesse est une immense boutique de livres pour enfants et adolescents,
où tu peux découvrir et acheter les dernières nouveautés.
Il existe des milliers d'histoires qui peuvent t'intéresser :

- Les contes sont des histoires courtes avec des personnages imaginaires.
- Si tu aimes les livres fantastiques avec des monstres et des dragons, choisis la science-fiction.
- Si tu préfères les histoires réelles, lis des romans historiques, qui parlent de personnages qui ont vraiment existé.
- Pour plus de suspense, choisis les romans policiers où les voleurs et la police sont les personnages principaux.
- Tu aimes jouer avec les mots et les sons ? Alors tu devrais aimer la poésie.
- Si tu préfères les histoires avec des images, tu vas sûrement te passionner pour la bande dessinée (BD). Il y en a de toutes sortes : des BD sérieuses ou drôles, qui font peur ou qui font pleurer...

→ Pour en savoir plus : www.salon-livre-presse-jeunesse.net
D'après http://1jour1actu.com/culture/choisis-ton-style-de-livre%C2%A0/

---

1 • Quand ouvre le Salon du livre et de la presse jeunesse ?

....

2 • Qu'est-ce que le Salon du livre et de la presse jeunesse ?

a. Un musée. **b.** Une bibliothèque. **c.** Une grande librairie.

3 • Vrai ou faux ? Cochez (✓) la bonne réponse et recopiez la phrase ou la partie du texte qui justifie votre réponse.

	VRAI	FAUX
Les contes sont des histoires vraies. *Justification :*		

4 • Quels personnages y a-t-il dans les livres de science-fiction ?

a. Des personnages réels. **b.** Des voleurs et des policiers. **c.** Des monstres et des dragons.

5 • Vrai ou faux ? Cochez (✓) la bonne réponse et recopiez la phrase ou la partie du texte qui justifie votre réponse.

	VRAI	FAUX
Les bandes dessinées sont très variées. *Justification :*		

6 • Pour avoir des renseignements sur le Salon, que devez-vous faire ?

....

////////// **III** **Sur une activité, un loisir** //

Exercice 40 *Répondez aux questions.* //

Vous êtes en vacances en France. Vous lisez cette publicité.

Promenade en canoë

De juin à octobre, vous pouvez descendre la rivière du Tarn avec un accompagnateur pendant plus de deux heures.

Sur une distance de 13 km vous pourrez voir de magnifiques paysages, découvrir des animaux : des oiseaux, des insectes, des poissons.

De 4 à 89 ans, pour toute la famille ou avec des amis.

Quelques informations supplémentaires :
1. Il faut savoir nager.
2. Un moniteur vous fait un mini-cours de navigation de 10 minutes avant de vous dire de prendre vos canoës et de vous jeter à l'eau !
3. On vous donne des gilets de sauvetage et des boîtes en plastique pour mettre vos affaires.
4. Le retour se fait par minibus.

Prenez des boissons, des lunettes de soleil, de la crème solaire et des chaussures d'eau.

Réservation conseillée au 05.62.38.26.22

1 • Quand pouvez-vous faire du canoë ?

    a. En juillet. **b.** En février. **c.** Toute l'année.

2 • Qu'est-ce qu'on peut voir pendant la descente en canoë ? (Plusieurs réponses possibles.)

  ....

3 • Vrai ou faux ? Cochez (✓) la case correspondante et recopiez la phrase ou la partie du texte qui justifie votre réponse.

	VRAI	FAUX
Avant de monter dans un canoë, il faut écouter les instructions d'un professeur. *Justification :*		

4 • Qu'est-ce qu'on vous donne ?

a.
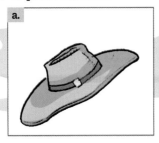

b.
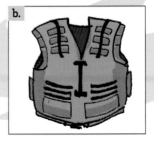

c.

5 • Après la descente en canoë, vous repartez...

    a. à pied. **b.** en voiture. **c.** en bus.

6 • Qu'est-ce qu'il faut apporter ? (Deux réponses attendues.)

  ....

Exercice 41 *Répondez aux questions.* //

Vous voulez partir en vacances en France. Vous regardez ce site Internet.

Stage surf et bodyboard à Seignosse

Le centre *Surf passion* de Seignosse vous propose des séjours complets pour apprendre à faire du surf ou du bodyboard, pour tous les niveaux, de débutant à avancé.

Chaque jour, trois heures de cours le matin ou l'après-midi, selon les conditions météo.

10 séances de cours pendant le séjour (soit 30 h au total).

8 élèves maximum, par groupe, avec un professeur certifié de l'École française de surf.

Autres activités possibles sur le centre : tennis, golf, planche à voile, vélo.

Le centre est à 5 minutes à pied de la mer et est équipé d'une piscine.
Le logement se fait en chambres de 4 personnes avec salle de bains.
Les repas sont pris dans la salle à manger du centre.
Plusieurs dates possibles (2 semaines minimum) :
- 1-15 juillet / 16-31 juillet : 500 € / quinzaine
- 1-15 août / 16-31 août : 600 € / quinzaine

Renseignements : www.surfpassion.fr ou 05 65 98 32 09
Inscriptions jusqu'au 15 juin.

1 ● Quels sports pouvez-vous apprendre à Seignosse ? (Deux réponses.)

....

2 ● Vrai ou faux ? Cochez (✓) la bonne réponse et recopiez la phrase ou la partie du texte qui justifie votre réponse.

	VRAI	FAUX
Les cours ont toujours lieu le matin.		
Justification :		

3 ● Combien d'élèves maximum y a-t-il par cours ?

    a. 8.   **b.** 10.   **c.** 30.

4 ● Vrai ou faux ? Cochez (✓) la bonne réponse et recopiez la phrase ou la partie du texte qui justifie votre réponse.

	VRAI	FAUX
Pour aller à la mer depuis le centre de vacances, vous marchez.		
Justification :		

5 ● Vous mangez...

    a. à la mer.   **b.** au centre.   **c.** au restaurant.

6 ● Vous voulez partir le 15 juillet. Combien allez-vous payer ?

....

Exercice 42 *Répondez aux questions.* //

Vous lisez cette publicité dans un Office de tourisme, en France.

Le zoo de Champéroux

Un centre d'aventure à 60 km de Saint-Malo.
Le zoo de Champéroux, c'est l'Afrique en Normandie !
Les amoureux de la nature vont adorer ce site naturel pour observer des animaux du monde entier en semi-liberté : lions, léopards, éléphants, girafes, etc…

Horaires des animations
- 10 h spectacle de rapaces*
- 14 h repas des lions
- 18 h spectacle aquatique des dauphins

Visite du parc à cheval du mardi au dimanche, de 16 h à 19 h !
Pour les enfants de 4 à 10 ans, la balade se fait avec des poneys.

Tarifs
- Adultes et plus de 16 ans : 12 euros
- Étudiants : 8 euros
- Enfants : 7 euros
- Tarif de groupe (minimum 25 personnes) : 5 euros

GRAND JEU
À l'occasion des 50 ans du zoo de Champéroux, nous organisons un grand jeu jusqu'au 25 mars. À gagner : 100 albums photo WWF et un séjour aventure pour deux personnes en République Centrafricaine ! Demandez un bulletin de participation à l'entrée du zoo.

* Rapaces : ce sont des grands oiseaux comme l'aigle.

1 • Quel animal pouvez-vous voir dans ce zoo ?

a.

b.

c.

2 • À quelle heure est le spectacle avec les oiseaux ?

....

3 • Vrai ou faux ? Cochez (✓) la case correspondante et recopiez la phrase ou la partie du texte qui justifie votre réponse.

	VRAI	FAUX
Vous pouvez faire la balade à cheval, le lundi. *Justification :*		

4 • Quel est le prix pour un jeune de 17 ans ?

....

5 • Vrai ou faux ? Cochez (✓) la case correspondante et recopiez la phrase ou la partie du texte qui justifie votre réponse.

	VRAI	FAUX
Le zoo de Champéroux fête son anniversaire. *Justification :*		

6 • Que faut-il faire pour participer au jeu ?

....

Exercice 43 *Répondez aux questions.* //

Vous êtes à Rennes. Vous lisez cette annonce publicitaire.

Centre sportif Rennes
Cours de natation
Des cours pour tous les niveaux

 Débutant : cours pour les ados qui veulent apprendre à nager ou qui ont un peu peur dans l'eau.
Durée du cours : 60 minutes
1 fois par semaine
10 cours = 60 €

 Intermédiaire : cours pour les ados qui savent nager et qui veulent apprendre et améliorer les différents styles de nage.
Durée du cours : 50 minutes
2 fois par semaine
20 cours = 100 €

 Expert : cours pour perfectionner les 4 styles de nage (crawl, dos crawlé, papillon et brasse).
Même durée, jours et tarifs que pour le cours intermédiaire

Il faut être âgé de 12 à 16 ans.
Apportez votre maillot, votre serviette et un cadenas.
Les lunettes de natation sont conseillées.

Le bonnet de bain n'est pas obligatoire.

1 ● Vous voulez nager un jour par semaine. Vous choisissez le cours...

    a. débutant.   **b.** intermédiaire.   **c.** expert.

2 ● Quelle est la durée du cours intermédiaire ?

    ....

3 ● Qu'est-ce qu'on fait dans le cours expert ?

    ....

4 ● Combien coûte le cours expert ?

    ....

5 ● Les cours de natation sont pour les...

    a. enfants.   **b.** adolescents.   **c.** adultes.

6 ● Pour aller en cours de natation, vous devez apporter...

a.

b.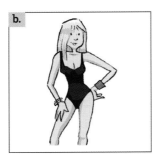

c.

Lire pour s'informer

Exercice 44 *Répondez aux questions.* //

Vous voulez prendre des cours de français, en Belgique. Vous lisez cette publicité sur Internet.

▶ Apprenez le français à Bruxelles ◀

L'école de langues de Bruxelles vous propose des cours de français en petits groupes (15 élèves maximum) pour progresser rapidement.

Cours intensifs

Tous les jours, 3 heures par jour, du lundi au vendredi, soit 15 heures par semaine pour un total de 60 heures de cours sur 4 semaines.

2 possibilités au choix :
- le matin de 9 h à 12 h
- l'après-midi de 13 h à 16 h

Cours extensifs

Vous venez deux fois par semaine, 2 heures par jour pour un total de 16 heures de cours sur 4 semaines.

2 possibilités au choix :
- les mardis et jeudis de 10 h à 12 h
- les lundis et mercredis ou mardis et jeudis de 16 h à 18 h

Cours du samedi (sauf été)

Vous venez une fois par semaine, soit 30 heures sur 10 semaines : 3 heures par semaine de 9 h à 12 h

Renseignements et inscription : www.ecole-langues-bruxelles.be

D'après http://www.alliancefr.be/fr/cours_standard.html

---

1 • Combien y a-t-il d'élèves par groupe au maximum ?

....

2 • Vrai ou faux ? Cochez (✓) la bonne réponse et recopiez la phrase ou la partie du texte qui justifie votre réponse.

	VRAI	FAUX
Les cours intensifs ont lieu 2 fois par semaine.		
Justification :		

3 • Vous pouvez prendre des cours extensifs le...

   a. lundi matin.   **b.** mardi matin.   **c.** mercredi matin.

4 • Au total, les cours extensifs durent...

   a. 10 heures.   **b.** 16 heures.   **c.** 30 heures.

5 • Vrai ou faux ? Cochez (✓) la bonne réponse et recopiez la phrase ou la partie du texte qui justifie votre réponse.

	VRAI	FAUX
En été, vous pouvez prendre des cours le samedi.		
Justification :		

6 • Que devez-vous faire pour vous inscrire à un cours ?

....

Exercice 45 *Répondez aux questions.*

Vous lisez cette publicité dans un magazine.

Le réveil parlant !

Commencez toutes vos journées en beauté avec le réveil de votre choix.

★ Alarme
★ Musique
★ Radio
★ Météo

Design moderne et simple à utiliser

Existe en bleu, gris et rouge

Il annonce l'heure et la météo du jour quand vous le touchez du doigt ! Très pratique pour savoir comment s'habiller pour la journée !

Un réveil personnalisé

Il vous salue tous les matins par votre prénom ! Grâce à sa prise USB, vous programmez les chansons ou les messages de votre choix. Vous pouvez aussi vous réveiller avec votre radio préférée ou une des cinq sonneries au choix. Le volume de l'alarme augmente de manière progressive, d'un niveau faible à un niveau plus élevé pour un réveil tout en douceur.

Bénéficiez de 10 % de réduction en présentant cette publicité dans notre magasin. Offre valable jusqu'au 15 novembre inclus.

1 ● Ce réveil...

    a. donne les températures.   **b.** dit quels vêtements mettre.   **c.** rappelle le programme de votre journée.

2 ● Comment doit-on faire pour l'allumer ?

....

3 ● Vrai ou faux ? Cochez (✓) la case correspondante et recopiez la phrase ou la partie du texte qui justifie votre réponse.

	VRAI	FAUX
Ce réveil peut dire votre prénom.		
Justification :		

4 ● Vrai ou faux ? Cochez (✓) la case correspondante et recopiez la phrase ou la partie du texte qui justifie votre réponse.

	VRAI	FAUX
Vous pouvez choisir la musique que vous voulez.		
Justification :		

5 ● Le volume de l'alarme est....

    a. toujours bas.   **b.** toujours fort.   **c.** de plus en plus fort.

6 ● Que faut-il faire pour avoir la promotion ?

....

Exercice 46 *Répondez aux questions.* //

Vous êtes dans une école, en France. Vous lisez cette affiche.

Le nouveau CDI* est ouvert !

Il est ouvert du lundi au vendredi, de 9 h 30 à 17 h, sauf le mercredi matin. Les élèves peuvent y aller pendant leurs heures libres ou pendant la récréation, après la cantine (de 12 h 30 à 14 h).

Tous les élèves peuvent emprunter jusqu'à trois livres.

Au CDI, vous pouvez trouver beaucoup de livres de fiction (romans, poésie, pièces de théâtre, contes...) et des magazines.

Il y a trois salles :

1. la salle principale ou « grande salle » dispose de quatre tables de travail. Vous y trouverez un espace BD et un espace lecture et également la presse hebdomadaire ;

2. la salle informatique équipée de 10 ordinateurs et de 20 places.

3. la petite salle de travail : elle offre 16 places.

Venez vite découvrir ce nouvel espace !

*CDI : Centre de Documentation et d'Information : bibliothèque de l'école.

1 • Le CDI est ouvert le....

    a. mercredi matin. **b.** vendredi après-midi. **c.** samedi matin.

2 • Quand les élèves peuvent-ils aller au CDI ?

    ....

3 • Combien de livres les élèves peuvent-ils prendre ?

    ....

4 • Vrai ou faux ? Cochez (✓) la case correspondante et recopiez la phrase ou la partie du texte qui justifie votre réponse.

	VRAI	FAUX
Au CDI, il y a des livres, des DVD et des CD.		
Justification :		

5 • Combien de place y a-t-il dans la petite salle ?

    a. 10. **b.** 16. **c.** 20.

6 • Au CDI, on peut aussi...

Épreuve blanche de compréhension écrite ... / 25 points

Exercice 1 *Répondez aux questions.*

Vous prenez des cours de français dans une école de langues. Avec vos camarades, vous voulez vous inscrire à des activités proposées par l'école. Vous lisez ces annonces au secrétariat. Quelles activités vont faire vos amis ?   ... / 5 points

Annonce 1
Apprenez le français par le théâtre avec un comédien. Cours le samedi de 10 h à 12 h. Inscriptions auprès de Manuel : 06 12 45 89 03.

Annonce 2
Français en chansons ! Apprenez tous les classiques de la chanson française avec Juliette. Inscriptions : juliette@abcd.net.

Annonce 3
Visites culturelles tous les mercredis après-midi organisées par Fanny. Infos : fanny7642@laposte.net.

Annonce 4
Atelier lecture à la bibliothèque de l'école. Les mardis, jeudis et vendredis de 16 h à 17 h. Inscriptions : atelier-lecture@voila.fr.

Annonce 5
Le français des chefs ! Apprenez le français en réalisant les meilleures recettes ! Atelier tous les jeudis midi. Inscriptions auprès de Magali : 06 46 28 10 32.

	Annonce n°
a. Valérie adore lire des romans.	
b. Kamel voudrait être acteur.	
c. Nina adore les musées.	
d. Clément est passionné de cuisine.	
e. Lola aime beaucoup chanter.	

Exercice 2 *Répondez aux questions.*

Vous recevez ce message de votre ami français.   ... / 6 points

De : joachim8742@yahoo.fr
Objet : Invitation

Salut !
Ça te dirait d'aller au cinéma samedi avec mon cousin Arthur ? Il y a plusieurs films qu'on aimerait voir. À 14 h, il y a la comédie *Gare Montparnasse* avec Bob Lenoir, je l'adore, c'est un super acteur ! Il y a aussi un film d'aventure, *Le grand voyage*, à 14 h 30. Et puis le dernier film de Gaël Thomas, *Garde à vous !*, passe à 14 h 15. C'est un film policier, je crois que c'est très bien mais un peu long, ça dure plus de 2 h. On peut se retrouver devant le cinéma à 13 h 45 et décider ensemble ? Qu'est-ce que tu en dis ? Tu peux proposer à ton frère de venir s'il est disponible.
À bientôt !
Joachim

1 • Joachim vous propose d'aller au cinéma avec...   ... / 1 point

    a. un ami. **b.** son frère. **c.** son cousin.

2 • Quel film fait rire ?   ... / 1,5 point

....

3 • À quelle heure passe le film d'aventure ?   ... / 1 point

    a. 14 h. **b.** 14 h 15. **c.** 14 h 30.

4 • Quel est le problème avec le film policier ?   ... / 1 point

    a. Il est trop long.
    b. Il passe trop tôt.
    c. Il n'est pas bien.

5 • Où devez-vous vous retrouver ?   ... / 1 point

....

Exercice 3 *Répondez aux questions.* //

Vous voulez organiser une fête en France pour l'anniversaire d'un ami. Vous lisez cette annonce.   ... / **6 points**

La discothèque Le grand 8 propose des locations de salles de 20 h à 00 h 30 pour tous vos grands événements : anniversaire, mariage, fête de fin d'année, etc.

Possibilité d'animation avec Jacky et Thomas, des DJ du *Grand 8.* Musique rock, électro, reggae-ragga et plein d'autres.

Comment réserver ?

Pour réserver, visitez notre site internet

www.discogrand8.fr

Cliquez sur la rubrique « événement » pour télécharger notre formulaire de réservation.

Indiquez votre nom, votre âge, votre adresse, le nombre de personnes et les horaires demandés. Toutes les informations demandées sont obligatoires.

Ensuite, vous pouvez choisir le genre de musique et le type de décoration entre nos différentes propositions.

Pour terminer, cliquez sur « valider »

Nous vous appelons 24 h plus tard pour vous donner une réponse et le prix de la location.

La discothèque est ouverte au public les nuits du jeudi au dimanche (de 01 h à 08 h du matin).

valider

1 • Le « Grand 8 » est...   ... / 1 point

2 • Vous pouvez louer une salle jusqu'à...   ... / 1 point

    a. 20 h. **b.** 00 h 30. **c.** 8 h.

3 • Comment faut-il réserver ?   ... / 1 point

4 • Vrai ou faux ? Cochez (✓) la case correspondante et recopiez la phrase ou la partie du texte qui justifie votre réponse.   ... / 1,5 point

	VRAI	FAUX
Vous devez répondre à toutes les questions du formulaire. *Justification :*		

5 • Il faut attendre combien de temps pour avoir une réponse ?   ... / 1,5 point

....

Epreuve blanche de compréhension écrite

Exercice 4 *Répondez aux questions.* ///

Vous lisez cet article sur un site Internet français.   ... / 8 points

Le cirque Arlette-Gruss à Arras

Le cirque Arlette-Gruss a quitté Rouen dimanche soir, à la fin du spectacle. Il est arrivé à Arras ce matin, sous la pluie : soixante camions, cent personnes, quatorze nationalités différentes, des dizaines d'animaux... Et tout doit être prêt très vite : le premier spectacle a lieu demain, à 19 h 30.

Les animaux prennent place dans leur nouvelle « maison ». « Ce sont les premiers servis. Les animaux passent avant les hommes », nous explique Willys. Les quatre éléphants ont une tente chauffée à 13°. « Pour les autres animaux, le froid ne les dérange pas trop. »

Le nouveau spectacle, appelé *L'Autre monde*, se promène de ville en ville depuis 3 semaines et connaît un véritable succès. « C'est vraiment génial, j'ai passé un excellent moment », déclare une spectatrice qui a vu le spectacle à Bordeaux, la semaine dernière. « Depuis le début du spectacle, on a vendu plus de 20 000 entrées. Le cirque peut accueillir 1 800 personnes chaque soir. À Arras, il y a déjà 1 000 réservations. »

Alors, faites vite pour réserver votre place !

D'après *La Voix du Nord*,

http://www.lavoixdunord.fr/actualite/L_info_en_continu/Artois/2012/03/05/article_arras-le-cirque-arlette-gruss-est-en-tra.shtml

1 • Demain, dans quelle ville va avoir lieu le spectacle ?   ... / 1 point

   a. Arras. **b.** Rouen. **c.** Bordeaux.

2 • Combien de personnes accompagnent le cirque ?   ... / 1 point

   a. 14. **b.** 60. **c.** 100.

3 • Vrai ou faux ? Cochez (✓) la bonne réponse et recopiez la phrase ou la partie du texte qui justifie votre réponse.

... / 1,5 point

	VRAI	FAUX
Quand le cirque arrive dans une ville, on s'occupe d'abord des animaux.		
Justification :		

4 • Quels animaux n'aiment pas le froid ?   ... / 1,5 point

....

5 • Vrai ou faux ? Cochez (✓) la bonne réponse et recopiez la phrase ou la partie du texte qui justifie votre réponse.

... / 1,5 point

	VRAI	FAUX
Le spectacle se joue depuis plusieurs semaines.		
Justification :		

6 • Que devez-vous faire si vous voulez voir le spectacle ?   ... / 1,5 point

....

Production écrite

L'épreuve de production écrite

Conseils pratiques

La production écrite, qu'est-ce que c'est?
La production écrite est le troisième exercice des épreuves collectives. Vous devez écrire deux textes de 60 mots minimum chacun.

Combien de temps dure la production écrite ?
La production écrite dure 45 minutes. Attention ! Il faut garder du temps pour se relire.

Comment dois-je répondre?
Vous pouvez utiliser une feuille de brouillon pour écrire vos textes une première fois. Vous devez ensuite recopier vos écrits sur la copie d'examen.

Combien y a-t-il d'exercices?
Il y a 2 exercices.

Qu'est-ce que je dois faire ?

1. Lire **attentivement** la consigne.

2. Écrire son texte **une première fois** sur une feuille de brouillon.

3. Relire pour vérifier que **vous avez bien répondu à la consigne**.

4. Se relire encore une ou deux fois pour **vérifier l'orthographe**.

5. Compter le nombre de mots et **l'écrire en bas de la copie** d'examen.

6. Écrire son texte **au propre et au stylo bleu ou noir** sur la copie d'examen.

Exercices	Types d'exercice	Consignes	Nombre de points
Exercice 1	Raconter une expérience personnelle.	Dans cet exercice, vous devez écrire une expérience personnelle. Par exemple, raconter vos vacances, vos loisirs ou un événement. La consigne explique ce que vous devez écrire, à qui et pourquoi. Dans cet exercice, il est très important de donner ses impressions (dire ce qu'on a aimé ou pas et pourquoi).	13 points
Exercice 2	Inviter, remercier, s'excuser, demander, informer.	Dans cet exercice, vous répondez à un message (*carte postale*, *message électronique*, *lettre*, etc.). Il faut donc lire attentivement ce message avant de répondre. **Il existe deux types d'exercices :** **1.** Répondre à une invitation. La consigne indique si vous acceptez ou refusez l'invitation. **2.** Répondre à un message. La consigne indique ce qu'il faut répondre.	12 points

Conseils du coach

1 ● La consigne vous donne toutes les informations sur ce que vous devez écrire. Il faut la **lire plusieurs fois** et souligner les mots les plus importants pour être sûr de ne rien oublier. Votre objectif : répondre exactement à la consigne en 60 mots ou plus.

2 ● Vous devez **identifier le genre de texte** demandé (lettre, carte postale, message électronique...) **le destinataire** (un ami, un professeur, les lecteurs d'un journal, etc.).

3 ● N'oubliez pas d'**adapter votre langage au destinataire** : utilisez « tu » quand vous écrivez à un ami et « vous » pour une personne que vous ne connaissez pas ou un adulte.

4 ● Au début d'une lettre, d'une carte postale ou d'un message électronique, n'oubliez pas de **saluer votre interlocuteur**. Utilisez *Bonjour, Salut* ou *Cher / Chère* + prénom si vous écrivez à un ami et *Madame* ou *Monsieur* + nom pour être plus formel. À la fin de votre message, **prenez congé avec des expressions** comme : *Salut, à bientôt* ou *au revoir*...

5 ● Avant d'écrire, **notez et organisez vos idées** sur une feuille de brouillon. Ensuite, écrivez votre texte une première fois sur cette feuille de brouillon avant de le recopier sur la copie d'examen.

6 ● Écrivez des **phrases simples** avec des mots que vous connaissez. N'écrivez pas un texte trop long (vous risquez de faire plus de fautes). Attention, votre texte doit être de **60 mots minimum !**

7 ● Lisez une première fois votre texte et demandez-vous si **vous avez bien répondu à la consigne**. Puis lisez votre texte plusieurs fois et concentrez-vous à chaque lecture sur un type de fautes :

- 1ère lecture : vérifiez le pluriel des noms et des adjectifs (avez-vous oublié un « s » ou un « x » ?) et l'accord des genres (masculin / féminin).

- 2ème lecture : concentrez-vous sur l'utilisation des temps et les terminaisons des verbes (utilisation du passé composé ou de l'imparfait pour raconter au passé, du présent pour décrire le moment actuel et du futur proche pour parler du futur.).

8 ● Faites attention à la mise en page et utilisez une **écriture claire** et **lisible**. Le correcteur doit pouvoir lire votre texte facilement.

Pour bien réussir la production écrite, vous devez savoir exactement ce que l'on attend de vous.
L'épreuve de production écrite est notée à l'aide d'une grille. Cette grille de notation est divisée en plusieurs parties qui permettent au correcteur de vérifier que le candidat a bien écrit tout ce qui lui est demandé dans la consigne.

Écrit n°1. ● Le récit, la description, la lettre … / 13 points

Respect de la consigne Si la consigne est « Vous écrivez à une amie. Vous racontez votre voyage à la montagne, ce que vous avez vu, les personnes que vous avez rencontrées, les activités que vous avez faites. Vous donnez vos impressions sur votre voyage.", vous devez <u>raconter</u> des vacances dans une <u>lettre</u> d'au moins <u>60 mots.</u>	1 point
Capacité à raconter et à décrire On doit retrouver tous les éléments de la consigne : « Vous racontez » 1. <u>votre voyage à la montagne</u>, 2. <u>ce que vous avez vu</u>, 3. <u>les personnes que vous avez rencontrées</u>, 4. <u>les activités que vous avez faites.</u>	4 points
Capacité à donner ses impressions Vous devez exprimer des impressions avec des adjectifs (*génial, intéressant, sympa, beau*, etc.), avec des verbes (*j'adore, je déteste, je suis heureux, j'étais surpris*) ou encore avec la ponctuation (!). Il faut donner au moins deux ou trois impressions.	2 points
Lexique, orthographe lexicale Vous devez utiliser un vocabulaire adapté à la situation (lexique des vacances, des activités, des goûts, des impressions...) et au niveau A2. Vous devez écrire les mots correctement.	2 points
Morphosyntaxe, orthographe grammaticale Vous devez faire des phrases simples formulées et organisées correctement et vous devez respecter les règles de grammaire de base (accords en genre et en nombre, conjugaison des verbes simples au présent, passé composé, etc.).	2,5 points
Cohérence et cohésion Vous devez raconter une expérience de manière logique. Les idées ne doivent pas se contredire. Les phrases sont reliées correctement avec des mots de liaison simples (*et, puis, alors, mais*...). Vous ne devez pas oublier la ponctuation (. , majuscules en début de phrase). Vous devez faire des paragraphes.	1,5 point

Production écrite

Écrit n°2. • Réponse à une lettre   ... / 12 points

Respect de la consigne Si la consigne est « Votre ami Lucas vous a invité à passer le week-end chez lui, vous lui répondez, vous le remerciez, vous acceptez son invitation et vous proposez des activités pour le week-end » vous devez écrire une lettre amicale d'au moins 60 mots en réponse à une autre lettre.	1 point
Correction sociolinguistique Vous devez utiliser un langage adapté au destinataire de la lettre (un ami, un adulte que l'on ne connaît pas...), vous devez savoir choisir entre le « tu » et le « vous » et commencer et terminer la lettre avec des formules (*salut, bonjour, chère Éva..., au revoir, à bientôt, réponds-moi, à demain*, etc.).	1 point
Capacité à interagir On doit retrouver tous les éléments de la consigne : « Votre ami Lucas vous a invité à passer le week-end chez lui, vous lui répondez » : 1. vous le remerciez, 2. vous acceptez son invitation et 3. vous proposez des activités pour le week-end.	4 points
Lexique, orthographe lexicale Vous devez utiliser un vocabulaire adapté à la situation (lexique des vacances, des activités et loisirs...) et écrire les mots correctement.	2 points
Morphosyntaxe, orthographe grammaticale Vous devez faire des phrases simples formulées et organisées correctement et vous devez respecter les règles de grammaire de base (accords en genre et en nombre, conjugaison des verbes simples au présent, passé composé, etc.).	2,5 points
Cohérence et cohésion Vous devez raconter une expérience de manière logique. Les idées ne doivent pas se contredire. Les phrases sont reliées correctement avec des mots de liaison simples (*et, puis, alors, mais*...). Vous ne devez pas oublier la ponctuation (. , majuscules en début de phrase). Vous devez faire des paragraphes.	1,5 point

Exercice 1 //

Vous écrivez à une amie française. Vous lui racontez votre voyage à la montagne, ce que vous avez vu, les personnes que vous avez rencontrées, vos activités. Vous donnez vos impressions sur votre voyage.

Salut Agathe !

Je t'écris pour te raconter mon voyage à la montagne avec ma classe.

J'ai fait beaucoup d'activités. Tous les matins nous avons marché et nous avons vu beaucoup d'animaux et de très beaux paysages. À midi, on a fait des pique-niques. Un jour, nous avons nagé dans la rivière mais l'eau est très froide à la montagne !

Le soir, à l'hôtel, j'ai rencontré beaucoup de jeunes très sympathiques.

Ces vacances étaient vraiment fantastiques !

Écris-moi.

Au revoir,

Max

---

80 mots

Analyse de la copie

Respect de la consigne : Il s'agit bien d'une lettre, (*Salut/Au revoir/Écris-moi/Max*) dans laquelle on raconte des vacances. Il y a 80 mots.

Capacité à raconter et à décrire : Le candidat raconte ses activités, dit ce qu'il a vu, et parle de ses rencontres.

Capacité à donner ses impressions : Le candidat donne ses impressions.

Lexique et morphosyntaxe : cette copie ne comporte pas d'erreurs.

Cohérence/cohésion : Le candidat utilise des mots de liaison (*et, mais, à midi, le soir*), utilise bien la ponctuation et fait des paragraphes.

Votre ami français Lucas vous a envoyé ce message.

De : Lucas@imel.fr

Objet : invitation

Bonjour,

Mes parents partent ce week-end et je reste à la maison avec mon grand frère. Tu veux venir samedi et dimanche dormir chez moi ?

Réponds-moi vite.

À bientôt !

Lucas

Vous répondez à Lucas, vous le remerciez, vous acceptez son invitation et vous proposez des activités pour le week-end.

De : omar98@libre.com

Salut Lucas,

Merci pour ton invitation. Mes parents sont d'accord alors j'arrive chez toi samedi après-midi à 14 h 00.

Je te propose d'aller à la piscine samedi après-midi et au cinéma le soir. Et le dimanche matin, on peut aller se promener dans le parc avec ton chien. Ma mère vient me chercher dimanche à 17 h 00.

Si tu veux, je prépare une tarte salée et un gâteau au chocolat.

À samedi !

Omar

Copie « témoin » de production écrite

71 mots

Analyse de la copie

Respect de la consigne : Il s'agit bien d'une lettre à un ami. Il s'agit d'une réponse à un courrier. Il y a 71 mots.

Correction sociolinguistique : Langage adapté au destinataire utilisation de « tu », salutations.

Capacité à interagir : Le candidat remercie, accepte l'invitation, propose des activités.

Lexique et morphosyntaxe: cette copie ne comporte pas d'erreurs.

Cohérence/cohésion : Le candidat utilise des mots de liaison (*et, alors, si tu veux*), utilise bien la ponctuation et fait des paragraphes.

Partie 1

Raconter une expérience personnelle

////////// **I** **Les vacances et les loisirs** //

Exercice 1 //

Vous êtes parti(e)* une semaine en vacances chez vos grands-parents. Vous écrivez à un ami français. Vous lui racontez votre semaine, vos activités, vos rencontres. Vous donnez vos impressions. (60 mots minimum.)

* La consigne est au passé, votre texte doit également être au passé.

....

....

....

....

....

....

Exercice 2 //

Vous avez passé des vacances d'une semaine à la plage dans le sud de la France. Vous écrivez à votre correspondant français ce que vous avez fait. Vous donnez vos impressions sur vos vacances. (60 mots minimum.)

....

....

....

....

....

....

Exercice 3 //

Vous êtes* en vacances dans un pays francophone pour étudier le français. Vous écrivez une lettre à votre professeur de français dans votre pays pour lui raconter votre voyage. Vous lui dites où** vous êtes et ce que vous faites *** et vous donnez vos impressions. (60 mots minimum.)

* La consigne est au présent, votre texte doit également être au présent.

*** Vous devez raconter comment se passent les cours de français et les autres activités que vous faites (*visites, promenades,* etc.).

** Vous devez donner le nom d'un pays ou d'une ville francophones.

....

....

....

....

....

....

Exercice 4 //

Cette année, vous avez passé vos vacances à la maison. Vous écrivez à votre correspondant français pour lui raconter ce que vous avez fait, qui vous avez rencontré. Vous donnez vos impressions. (60 mots minimum.)

....

....

....

....

....

....

Raconter une expérience personnelle

Exercice 5 ///

Vous avez dormi le week-end dernier chez votre meilleur(e) ami(e). Vous écrivez à un ami français pour lui raconter votre week-end. Vous donnez vos impressions sur votre soirée. (60 mots minimum.)

....

....

....

....

....

....

Exercice 6 ///

Vous écrivez un message à votre correspondant francophone. Vous lui parlez de vos activités préférées. Vous lui dites où et quand vous les pratiquez et vous lui expliquez pourquoi vous aimez ces activités. (60 mots minimum.)

De :
Objet :

....

....

....

....

....

Exercice 7 ///

Vous avez découvert une nouvelle activité (sport, musique, etc.). Vous écrivez à votre ami français pour lui raconter cette expérience et décrire cette activité. Vous dites ce que vous avez préféré et ce que vous n'avez pas aimé. (60 mots minimum.)

....

....

....

....

....

....

Production écrite

Exercice 8

Vous avez assisté à un grand match de football. Vous écrivez un message à un ami français pour lui raconter votre soirée. Vous donnez vos impressions sur le match. (60 mots minimum.)

N'oubliez pas d'utiliser des mots de liaison dans votre texte : *d'abord, ensuite, après...*

De : ....
Objet : ....

....
....
....
....
....
....
....
....
....
....
....
....

Exercice 9

Vous êtes allé(e) au concert de votre chanteur(chanteuse) préféré(e). Vous écrivez un message à un ami français pour lui décrire votre soirée (*quand, où, avec qui*) et vous lui donnez vos impressions sur le concert. (60 mots minimum.)

De : ....
Objet : ....

....
....
....
....
....
....

Raconter une expérience personnelle

Exercice 10 //

Vous êtes allé(e) à une fête chez un ami (*anniversaire, fête déguisée, fête de fin d'année...*). Vous écrivez à votre correspondant pour lui raconter la soirée, ce que vous avez fait, ce que vous avez mangé et vous donnez vos impressions. (60 mots minimum.)

....

....

....

....

....

....

Exercice 11 //

Vous avez passé un week-end à Toulouse pendant la fête de la musique. Vous envoyez un message à un ami français pour lui raconter ce que vous avez fait. Vous donnez vos impressions sur la fête. (60 mots minimum.)

De :

Objet :

Exercice 12

Vous êtes allé(e) à une grande soirée pour voir le nouveau film de votre acteur(actrice) préféré(e). Vous avez rencontré cet(te) acteur(actrice) à la soirée. Vous écrivez une lettre à un ami français pour lui raconter. Vous donnez vos impressions sur la soirée. (60 mots minimum.)

....
....
....
....
....
....

Exercice 13

Vous rencontrez un ami que vous n'avez pas vu depuis longtemps. Vous écrivez ensuite à votre correspondant français pour lui raconter cette rencontre (*qui est cet ami, où vous l'avez vu, ce qu'il fait maintenant*). Vous donnez vos impressions.

....
....
....
....
....
....

III | À l'école

Exercice 14

Vous écrivez un message à votre correspondant français pour lui décrire une journée dans votre école. Vous parlez de vos cours, de vos professeurs et de vos camarades. (60 mots minimum.)

De :
Objet :

....
....
....
....

Raconter une expérience personnelle

Exercice 15 //

Votre école a organisé une grande fête de fin d'année. Vous écrivez un message à votre correspondant français pour lui raconter la soirée. Vous lui dites avec qui vous étiez, ce que vous avez fait et ce que vous avez pensé de la soirée. (60 mots minimum.)

De :
Objet :

....
....
....
....
....
....

Exercice 16 //

Vous avez participé à un événement sportif avec votre école. Le professeur de français vous demande de raconter cette journée (*lieu, sport que vous avez fait, prix gagnés*, etc.). Vous donnez vos impressions sur cette journée. (60 mots minimum.)

....
....
....
....
....
....

Exercice 17 //

Vous êtes parti(e) à *Disneyland Paris* avec votre école. Vous racontez votre voyage à votre professeur de français. Vous donnez vos impressions sur le parc d'attraction et vous expliquez ce que vous avez fait. (60 mots minimum.)

....
....
....
....
....
....

Exercice 18

Cette année, vous avez changé d'école. Vous écrivez à votre correspondant suisse pour lui raconter la rentrée des classes. Vous décrivez votre nouvelle école, les professeurs, les élèves, etc. Vous dites ce que vous aimez et ce que vous n'aimez pas. (60 mots minimum.)

....

....

....

....

....

Exercice 19

Votre professeur de français vous demande d'écrire un texte de présentation de votre école sur la première page du site Internet de l'école. Vous décrivez votre école (*bâtiment, matériel dans les classes,* etc.) et vous dites combien il y a d'élèves. (60 mots maximum.)

....

....

....

....

....

Partie 2

Inviter, remercier, s'excuser, demander, informer

I Répondre à une invitation

Exercice 20

Vous avez reçu ce courriel d'un ami français.

De : driss@super.fr
Objet : Invitation

Salut !

Mes parents ne sont pas là samedi, j'organise une grande fête dans le garage. Tu veux venir ?

Ça commence à 19 h.

Réponds-moi vite !

Driss

* Vous devez rédiger une question pour lui demander comment venir chez lui.

Vous répondez à Driss. Vous acceptez son invitation et vous le remerciez. Vous lui proposez d'apporter quelque chose à manger et vous lui demandez le chemin pour aller chez lui.* (60 mots minimum.)

Inviter, remercier, s'excuser, demander, informer

De : _____

Objet : _____

_____

_____

_____

_____

Exercice 21

Vous avez reçu ce courriel d'un ami français.

De : Math.legrand@courriel.fr
Objet : Sortie au cinéma

Salut !

Demain soir, à 20 h, on va au cinéma avec Thomas et Stéphane.
On va voir le film *Men in Black 3*.
Tu veux venir avec nous ?

Mathieu

* Proposez une autre activité et un autre jour de rendez-vous.

Vous répondez à Mathieu. Vous refusez sa proposition. Vous vous excusez et vous lui expliquez pourquoi vous ne pouvez pas venir. Vous lui proposez un autre rendez-vous.* (60 mots minimum.)

De : _____

Objet : _____

_____

_____

_____

_____

_____

Exercice 22

Vous avez reçu ce courriel d'une amie française.

De : maeva-gaston@mel.fr
Objet : Devoir de géographie

Bonjour,

Tu n'as pas oublié qu'on doit préparer le devoir de géographie ensemble ?
On peut se retrouver chez moi samedi après-midi. Tu es libre ?
À bientôt !

Maeva

Vous répondez à Maeva. Vous refusez sa proposition. Vous vous excusez et vous lui expliquez pourquoi vous ne pouvez pas venir. Vous lui proposez un autre rendez-vous.* (60 mots minimum.)

* Proposez un autre jour et une autre heure.

De :	
Objet :	

....

....

....

....

....

....

Exercice 23

Votre ami français vous envoie ce message.

De : bobolebo@libre.com
Objet : Journée au ski

Bonjour !

Dimanche, on va passer la journée à la montagne avec mes parents. On va faire du ski toute la journée. Tu veux venir avec nous ? On va partir très tôt. Donne-moi une réponse demain.

À bientôt !

Boris

Vous répondez à votre ami, vous le remerciez pour sa proposition, vous acceptez et vous demandez plus d'informations* sur cette sortie. (60 mots minimum.)

* Vous devez poser plusieurs questions (*heure et lieu du rendez-vous, ce que vous devez apporter,* etc.)

De :	
Objet :	

....

....

....

....

....

....

Inviter, remercier, s'excuser, demander, informer

Exercice 24

Vous avez reçu ce courriel d'une amie française.

De : juju99@courriel.fr
Objet : Vacances…

Salut !

C'est bientôt les vacances ! Avec mes parents, on part visiter les Châteaux de la Loire et il reste une place dans la voiture… Tu veux venir avec nous ?

Julie

Vous répondez à Julie. Vous acceptez son invitation et vous la remerciez. Vous demandez plus d'informations sur le voyage. (60 mots minimum.)

De :
Objet :

....

....

....

....

....

Exercice 25

Vous avez reçu ce courriel d'un ami français.

De : liam@messagerie.net
Objet : Concert

Salut !

Mon cousin fait un concert avec son groupe à la salle des fêtes, mercredi soir. J'y vais avec ma sœur. Tu veux venir avec nous ?

À bientôt !

Liam

Vous répondez à Liam. Vous le remerciez. Vous refusez son invitation et vous lui expliquez pourquoi vous ne pouvez pas venir. Vous lui proposez une autre sortie. (60 mots minimum.)

De :
Objet :

....

....

....

....

....

Exercice 26

Vous recevez un message de votre amie française.

> **De : myri96@eco.fr**
> **Objet : Invitation pour dîner**
>
> Salut,
> Vendredi, ma mère prépare un repas pour toute la famille et les amis.
> Tu peux venir avec qui tu veux, ce sera une belle soirée ! Je t'attends.
> Réponds-moi.
> Myriem

Vous répondez à Myriem, vous la remerciez pour son invitation, vous acceptez et vous demandez des informations (*invités, comment venir*, etc.). Vous lui dites avec qui vous allez venir. (60 mots minimum.)

> **De :**
> **Objet :**
>
> ....
> ....
> ....
> ....
> ....

Exercice 27

Vous êtes à l'école, en France. Vous avez reçu ce courriel d'une camarade de classe.

> **De : Amandine@boitemail.fr**
> **Objet : Vidéo**
>
> Salut !
> Ce soir, à 21 h, avec les copines de la classe, on va regarder un DVD chez moi. C'est une comédie romantique avec Hugh Grant.
> Tu veux venir ? Réponds-moi vite !
> Amandine

Vous répondez à Amandine. Vous acceptez son invitation et vous la remerciez. Vous lui demandez le chemin pour aller chez elle. (60 mots minimum.)

> **De :**
> **Objet :**
>
> ....
> ....
> ....
> ....
> ....

Inviter, remercier, s'excuser, demander, informer

Exercice 28

Vous avez reçu ce courriel d'une amie française.

> **De : louna@fromy.fr**
> **Objet : Musée**
>
> Salut !
>
> Ma mère m'a donné deux places pour le musée de la ville. Tu veux venir avec moi ?
>
> Réponds-moi vite !
>
> Louna

Vous répondez à Louna. Vous la remerciez et vous acceptez son invitation. Vous lui proposez un jour et une heure pour la sortie et des activités à faire après. (60 mots minimum.)

> **De :**
> **Objet :**
>
> ....
> ....
> ....
> ....
> ....
> ....

Exercice 29

Vous êtes en vacances, en France. Une amie vous écrit ce courriel.

> **De : jeannette0405@imel.fr**
> **Objet : Pique-nique**
>
> Salut les amis !
>
> J'aimerais faire un pique-nique avec vous pendant ces vacances. Si vous êtes d'accord, répondez-moi et dites-moi où on peut aller pour le pique-nique.
>
> Jeanne

Vous répondez à Jeanne. Vous la remerciez et vous acceptez sa proposition. Vous proposez un lieu, une date et des activités à faire après le pique-nique. Vous dites ce que vous apportez. (60 mots minimum.)

> **De :**
> **Objet :**
>
> ....
> ....
> ....
> ....
> ....

Exercice 30 //

Vous êtes à l'école, en France. Vous avez reçu ce courriel d'une camarade de classe.

> **De : Manon2001@courriel.fr**
> **Objet : Shopping**
>
> Salut !
>
> Tu veux venir avec moi samedi après-midi ? Je vais acheter des vêtements dans le centre-ville. C'est les soldes en ce moment, il y a des super prix.
>
> Réponds-moi vite !
>
> Manon

Vous répondez à Manon. Vous refusez sa proposition. Vous vous excusez et vous lui expliquez pourquoi vous ne pouvez pas l'accompagner. Vous lui proposez un autre rendez-vous. (60 mots minimum.)

> **De :**
> **Objet :**
> ....
> ....
> ....
> ....
> ....
> ....

Exercice 31 //

Vous avez reçu ce courriel d'un ami français.

> **De : loris-jallet@courriel.fr**
> **Objet : Aide**
>
> Salut !
>
> Je dois aller chez ma grand-mère pour garder son chien, samedi après-midi. Tu veux venir avec moi ? On pourra jouer dans le jardin, il va faire beau.
>
> Merci d'avance !
>
> Loris

* Posez des questions sur le nom, l'âge, la couleur du chien.

Vous répondez à Loris. Vous acceptez sa proposition. Vous lui posez des questions sur le chien* et vous lui demandez le chemin pour venir chez sa grand-mère. (60 mots minimum.)

> **De :**
> **Objet :**
> ....
> ....
> ....
> ....
> ....
> ....
> ....
> ....
> ....
> ....
> ....

Inviter, remercier, s'excuser, demander, informer

Exercice 32 ///

Vous êtes chez votre correspondant, en Suisse. Un ami vous écrit ce message.

| De : Vinztop@youpla.ch |
| Objet : Cours de guitare |

Bonjour,

Tu veux venir avec moi à mon prochain cours de guitare, mardi, pour m'écouter et essayer de jouer avec moi ? J'attends ta réponse.

À bientôt.

Vincent

Vous répondez à Vincent. Vous le remerciez. Vous refusez son invitation et lui expliquez pourquoi vous ne pouvez pas venir. (60 mots minimum.)

| De : |
| Objet : |

....

....

....

....

....

....

////////// **II** | **Répondre à un message** ///

Exercice 33 ///

Vous recevez ce message d'un ami français.

| De : lucas@messagerie.fr |
| Objet : Nouvelles |

Salut,

Comment ça va ? Moi, je ne vais pas trop bien... je suis à l'hôpital depuis 3 jours à cause de ma jambe.

Je m'ennuie.

Écris-moi vite !

Lucas

| De : |
| Objet : |

Vous écrivez un message à Lucas pour savoir comment il va. Vous donnez aussi de vos nouvelles. Vous lui parlez de vos activités. (60 mots minimum.)

Exercice 34 ///

Vous recevez ce message de votre correspondant marocain.

> **De : kader@genial.net**
> **Objet : Vacances**
>
> Bonjour,
>
> Je viens de rentrer de vacances. J'étais dans le sud du Maroc, c'était super ! J'ai nagé tous les jours dans la mer.
> Et toi, tu es parti où en vacances ? Qu'est-ce que tu as fait ? Il a fait beau ?
> Raconte-moi !
>
> À bientôt !
>
> Kader

> * Posez des questions pour savoir avec qui il est parti
> en vacances, le temps qu'il a fait, ce qu'il a aimé, etc.

Vous écrivez un message à Kader. Vous lui racontez vos vacances et vous lui posez des questions sur son voyage.* (60 mots minimum.)

> **De :**
> **Objet :**
>
> ....
> ....
> ....
> ....
> ....
> ....

Exercice 35 ///

Votre correspondant canadien vous a écrit ce message.

> **De : j.labal@blu.com**
> **Objet : Bonne nouvelle !**
>
> Salut !
>
> J'ai une très bonne nouvelle ! J'ai participé à un concours de poésie dans mon école et j'ai gagné le premier prix, un voyage de deux jours à Montréal ! Je suis vraiment content. Et toi, comment tu vas ? Donne-moi de tes nouvelles !
>
> À bientôt,
>
> Jo

> **De :**
> **Objet :**
>
> ....
> ....
> ....
> ....
> ....
> ....
> ....
> ....

Vous répondez à Jo. Vous le félicitez et vous lui donnez de vos nouvelles (*école, activités, famille...*). (60 mots minimum.)

Exercice 36 ///

Votre correspondant canadien vous envoie sa première lettre.

> **De : Nathandufour@oal.fr**
> **Objet : Présentation**
>
> Bonjour,
> Je m'appelle Nathan. Je suis canadien.
> J'adore le rock et j'aime beaucoup me promener dans la nature.
> Et toi, qu'est-ce que tu aimes faire ?
> À bientôt,
> Nathan

> * Posez des questions sur son école, ses amis, sa famille, sa maison, sa ville, etc.

De :
Objet :

Vous écrivez un message à Nathan. Vous lui demandez plus d'informations sur sa vie au Canada*. Vous lui parlez de vos activités et de vos goûts. (60 mots minimum.)

Exercice 37 ///

Vous habitez en France. Vous recevez ce message de votre professeur de musique.

> **De : cedric@bravo.net**
> **Objet : Blog de l'école de musique**
>
> Bonjour,
> L'école de musique a un nouveau site Internet. On demande à chaque élève d'écrire un petit texte pour parler de sa musique préférée sur la première page du site. Es-tu d'accord pour participer ?
> Merci !
> Cédric

> * Votre réponse doit être en deux parties :
> 1. Vous répondez à Cédric.
> 2. Vous écrivez le texte sur votre musique préférée.

Vous répondez à Cédric. Vous acceptez sa proposition et vous écrivez un texte sur votre musique préférée*. (60 mots minimum.)

De :
Objet :

Production écrite

Exercice 38 //

Vous êtes en France. Vous recevez cette annonce par courriel.

> **De :** Casting@prodplus.fr
> **Objet :** Recherche ados pour téléfilm
>
> **Grand Casting !**
>
> Nous recherchons des jeunes pour jouer dans un téléfilm qui se passe dans une école.
>
> Filles ou garçons, vous devez avoir entre 13 et 18 ans et être de taille moyenne.
>
> Vous devez être disponible l'après-midi.
>
> Écrivez-nous à Casting@prodplus.fr

* Décrivez-vous physiquement et parlez de votre personnalité.

Vous répondez à cette annonce. Vous acceptez de participer. Vous donnez des informations sur vous* et vos disponibilités. Vous demandez des précisions sur le casting et sur le film. (60 mots minimum.)

> **De :**
> **Objet :**
> ....
> ....
> ....
> ....
> ....
> ....
> ....

Exercice 39 //

Vous avez reçu ce courriel d'une amie française.

> **De :** Eva.dorian@mail.com
> **Objet :** Activités
>
> Salut !
>
> Comment tu vas ? Moi, je suis très contente ! J'ai commencé mon cours de théâtre et c'est génial ! Et toi, tu fais une activité après l'école ? Raconte-moi vite !
>
> Éva

Vous écrivez un message à Éva. Vous lui parlez de vos activités après l'école. Vous posez des questions sur son cours de théâtre. (60 mots minimum.)

De :
Objet :

_____
_____
_____
_____
_____

Exercice 40

Vous avez reçu ce courriel d'une amie française.

De : maya-trellort@voila.fr
Objet : Ton cahier de mathématiques

Salut !
Pourrais-tu me prêter ton cahier de mathématiques ? Je dois réviser pour le contrôle de mardi et il me manque des cours. Réponds-moi vite, je suis en retard pour mes révisions.
Merci beaucoup !
Maya

Vous répondez à Maya. Vous ne pouvez pas lui prêter votre cahier. Vous vous excusez, vous lui expliquez pourquoi et vous lui proposez une autre solution. (60 mots minimum.)

De :
Objet :

_____
_____
_____
_____
_____

Exercice 41

Vous êtes dans une école, en France. Vous avez reçu un message de votre ami.

De : Gaetanino@bul.fr
Objet : Nouvelles

Bonjour,
Je suis malade et je dois rester chez moi jusqu'à vendredi. Est-ce que tu peux me dire ce que vous avez fait en classe et me donner les devoirs ? Tu peux me téléphoner ou venir à la maison, si tu veux.
Merci !
Gaëtan

Vous répondez à Gaëtan. Vous lui demandez de ses nouvelles. Vous lui donnez les informations sur les activités en classe et vous lui demandez quand vous pouvez aller chez lui. (60 mots minimum.)

De :
Objet :
....
....
....
....
....
....

Épreuve blanche de production écrite   ... / 25 points

Exercice 1   ... / 13 points

Vous avez passé une semaine chez votre correspondant français. Vous écrivez un message à votre professeur de français pour lui raconter votre séjour (*lieu, activités*). Vous donnez vos impressions sur votre voyage. (60 mots minimum.)

De :
Objet :
....
....
....
....
....
....
....

Exercice 2   ... / 12 points

Vous êtes à l'école, en France. Vous avez reçu ce courriel d'un camarade de classe.

De : tom-fevert@courriel.com
Objet : Basket

Salut !
Demain, je vais voir le match de basket entre notre école et l'école Jean Rostand. Ils jouent au gymnase à 17 h.
Tu veux venir avec moi ?
Tom

Vous répondez à Tom. Vous refusez sa proposition. Vous vous excusez et vous lui expliquez pourquoi vous ne pouvez pas venir. Vous lui proposez un autre rendez-vous. (60 mots minimum.)

De :
Objet :
....
....
....
....
....
....
....
....
....

Production orale

L'épreuve de production orale

Conseils pratiques

La production orale, qu'est-ce que c'est ?

La production orale est l'épreuve individuelle du DELF. Elle se déroule en 3 parties :
- partie 1 : entretien dirigé ;
- partie 2 : monologue suivi ;
- partie 3 : exercice en interaction (ou jeu de rôle).

Vous êtes seul(e) face au jury d'examinateurs et vous devez parler en français pendant quelques minutes.

Combien de temps dure la production orale ?

Vous avez 10 minutes pour préparer le monologue suivi et l'exercice en interaction. L'entretien dirigé n'est pas à préparer.

Après les 10 minutes de préparation, vous passez devant le jury. Votre oral doit durer 6 à 8 minutes au total :
- entretien dirigé : environ 1 minute 30.
- monologue suivi : environ 2 minutes.
- exercice en interaction : environ 3-4 minutes.

Comment dois-je répondre ?

Pour l'entretien dirigé : L'examinateur va vous demander de vous présenter. Vous devez alors donner des informations sur votre identité, votre nationalité, votre âge, votre famille, etc. Ensuite, l'examinateur va vous poser des questions simples sur vos loisirs, les sports que vous faites, vos goûts, etc.

Pour le monologue suivi : Vous devez répondre aux questions posées sur le sujet que vous avez choisi, après tirage au sort de deux sujets. Exemple de sujet : *Racontez vos dernières vacances. Où étiez-vous ? Avec qui ? Qu'avez-vous fait ?*
Vous devez parler seul(e) pendant 2 minutes environ. Vous pouvez utiliser votre brouillon.
L'examinateur peut vous poser ensuite quelques questions complémentaires simples (mais ce n'est pas obligatoire).

Pour l'exercice en interaction : Vous tirez au sort deux sujets et vous en choisissez un. Vous jouez la situation indiquée sur le sujet avec l'examinateur. Vous pouvez utiliser votre brouillon.
Exemple de sujet : *Vous organisez une fête avec un ami français. Vous discutez de la date, des invités, du lieu et de la nourriture. (L'examinateur joue le rôle de votre ami.)*
Lors de la préparation, écrivez sur votre feuille de brouillon les questions que vous allez poser à l'examinateur et vos propositions (dans l'exemple donné, écrivez une date, un lieu pour la fête, etc.).

Combien y a-t-il d'exercices ?

Il y a 3 exercices.

Qu'est-ce que je dois faire ?

1. Saluer le surveillant.
2. Tirer au sort les sujets pour les parties 2 et 3 et en **choisir un** pour chaque partie.
3. **Préparer les parties 2 et 3** sur une feuille de brouillon pendant 10 minutes.
4. S'asseoir devant le jury et le **saluer**.
5. **Répondre aux questions** de l'examinateur pour la partie entretien dirigé.
6. **Parler seul(e)** sur le sujet choisi pour la partie monologue.
7. Éventuellement, répondre aux questions de l'examinateur pour compléter votre monologue.
8. **Jouer le jeu de rôle** avec l'examinateur dans la partie *exercice en interaction*.
9. **Remercier** et **saluer** le jury.
10. Quitter la salle d'examen.

Exercices	Types d'exercice	Consignes		Nombre de points
Exercice 1	Entretien dirigé	Après avoir salué l'examinateur, vous vous présentez (vous parlez de vous, de votre famille, de vos amis, de vos études, de vos goûts, des animaux que vous aimez, etc.). L'examinateur vous posera des questions complémentaires.	4 points	Niveau de langue (vocabulaire, lexique, prononciation) pour l'ensemble des 3 parties : 10 points
Exercice 2	Monologue suivi	Vous tirez au sort deux sujets et vous en choisissez un. Vous vous exprimez sur le sujet. L'examinateur peut ensuite vous poser des questions complémentaires.	5 points	
Exercice 3	Exercice en interaction	Vous tirez au sort deux sujets et vous en choisissez un. Vous devez simuler un dialogue avec l'examinateur afin de résoudre une situation de la vie quotidienne. Vous montrez que vous êtes capable de saluer et d'utiliser des règles de politesse. Dans certains sujets, le masculin est utilisé pour simplifier le texte mais vous pouvez aussi utiliser le féminin.	6 points	

Conseils du coach

1● Vous passez l'oral du DELF, un examen du ministère français de l'Éducation nationale. Vous devez donc **porter des vêtements corrects** et **bien vous tenir** devant le jury d'examen.

2● Souriez, soyez **poli**, montrez-vous **coopératif** avec le jury.

3● Parlez **lentement** et **clairement** de manière à bien être compris.

4● Si vous ne comprenez pas ce que vous dit l'examinateur, demandez-lui de **répéter**.

5● Lorsque vous tirez au sort les sujets pour les parties 2 et 3, choisissez le sujet qui vous paraît **le plus simple**, que **vous comprenez**, et pour lequel vous avez des choses à dire (ne choisissez pas un sujet sur le sport si vous ne faites pas de sport !).

6● Répartissez bien votre temps de préparation : prenez **5 minutes pour préparer le monologue** suivi et **5 minutes pour préparer l'exercice en interaction**.

7● Pour le monologue suivi, **répondez à toutes les questions** posées dans le sujet, n'oubliez rien.

8● Sur votre brouillon, **n'écrivez pas de phrases entières** mais plutôt des mots qui vont vous aider à vous souvenir de vos idées. Cela vous évitera de lire et vous permettra de **parler avec naturel**.

L'épreuve de production orale

Grille d'évaluation de la production orale commentée

L'épreuve de production orale est notée à l'aide d'une grille. Cette grille de notation est divisée en plusieurs parties qui permettent au correcteur :

- de vérifier que le candidat a effectué de manière appropriée l'ensemble des tâches qui composent l'épreuve ;
- d'évaluer le niveau linguistique en français du candidat.

Partie 1

Entretien dirigé

Peut établir un contact social, se présenter et décrire son environnement familier. **Ce critère vérifie que vous êtes capable de vous présenter simplement, de donner des informations sur votre identité, votre âge, votre famille, etc.**	0	0.5	1	1.5	2	2.5	3	

Peut répondre et réagir à des questions simples. Peut gérer une interaction simple. **Ce critère vérifie que vous comprenez ce que vous demande l'examinateur et que vous êtes capable de répondre à des questions simples portant sur vos loisirs, vos goûts, etc.**	0	0.5	1					

Partie 2

Monologue suivi

Peut présenter de manière simple un événement, une activité, un projet, un lieu, etc, liés à un contexte familier. **Ce critère vérifie que vous pouvez parler seul(e) pendant environ deux minutes pour raconter une expérience personnelle.**	0	0.5	1	1.5	2	2.5	3	

Peut relier entre elles les informations apportées de manière simple et claire. **Ce critère vérifie que vous pouvez raconter une expérience de manière logique, il ne doit pas y avoir de contradictions entre les idées. Les idées sont reliées correctement à l'aide de connecteurs simples** *(et, puis, alors, mais...).*	0	0.5	1	1.5	2			

Partie 3

Exercice en interaction

Peut demander et donner des informations dans des transactions simples de la vie quotidienne. Peut faire, accepter ou refuser des propositions. **Ce critère vérifie que vous êtes capable d'interagir avec quelqu'un, de poser des questions, de faire des propositions, de discuter pour trouver un accord, etc.**	0	0.5	1	1.5	2	2.5	3	3.5	4

Peut entrer dans des relations sociales simplement mais efficacement, en utilisant les expressions courantes et en suivant les usages de base. **Ce critère vérifie que vous savez comment poser des questions et faire des propositions, en respectant les règles de politesse** *(salutations, remerciements, etc.).*	0	0.5	1	1.5	2			

Production orale

Pour l'ensemble des 3 parties de l'épreuve

Lexique (étendue et maîtrise) Peut utiliser un répertoire limité mais adéquat pour gérer des situations courantes de la vie quotidienne. Le vocabulaire est adapté à la situation (lexique des vacances, des activités et loisirs, du sport, etc.)	0	0.5	1	1.5	2	2.5	3		

Morphosyntaxe Peut utiliser des structures et des formes grammaticales simples. Le sens général reste clair malgré la présence systématique d'erreurs élémentaires. Les phrases simples doivent être formulées et organisées correctement et les règles de grammaire de base doivent être respectées (accords en genre et en nombre, conjugaison des verbes simples au présent, passé composé, etc.).	0	0.5	1	1.5	2	2.5	3	3.5	4

Maîtrise du système phonologique Peut s'exprimer de façon suffisamment claire. L'interlocuteur devra parfois faire répéter. Les mots et les phrases sont prononcés correctement même si l'examinateur doit parfois vous faire répéter.	0	0.5	1	1.5	2	2.5	3		

Entretien dirigé

L'entretien dirigé est la première partie de l'épreuve orale.

I Ce qu'il faut faire

- Quand vous entrez dans la salle, vous saluez l'examinateur et vous vous asseyez ;
- ensuite, vous vous présentez. Vous parlez de vous, de votre famille, de vos amis, de vos goûts, etc. ;
- l'examinateur vous posera des questions complémentaires.

Bonjour monsieur.

Bonjour. Nous allons commencer l'examen. Vous pouvez vous présenter ?

Oui, bien sûr.
Je m'appelle Carolina Spinoso, je suis italienne. J'habite dans le centre-ville de Rome, j'ai 14 ans, je n'ai pas de frères et sœurs. Mon père est ingénieur et ma mère est professeur d'anglais. J'adore les animaux, j'ai deux chats, Mina et Mawa, et un poisson rouge qui s'appelle Blops. Je joue de la guitare. Plus tard, je veux être musicienne. C'est mon rêve !

Quelle est votre musique préférée ?

J'aime bien la pop, le jazz, la soul, mais ma musique préférée, c'est le rock. Avec des amis, on a un groupe de rock. Le nom du groupe, c'est *Flipo*.

////////// **II** | **Voici les questions que l'examinateur peut vous poser pendant l'entretien dirigé** //////

a. Pouvez-vous me parler de votre famille ?

b. Pouvez-vous me parler de votre maison/quartier/ville ?

c. Qu'est-ce que vous aimez faire pendant votre temps libre ?

d. Quel sport faites-vous ?

e. Quelle est votre musique préférée ?

f. Quelle est votre matière préférée, à l'école ?

g. Qui est votre meilleur(e) ami(e) ?

h. Qu'avez-vous fait pendant les dernières vacances ?

i. Qu'allez-vous faire pour les prochaines vacances ?

////////// **III** | **Exercice** ///

Remplissez le tableau suivant. Ensuite, entraînez-vous à faire des phrases à l'oral à partir des réponses que vous avez écrites. Cela va vous aider à répondre aux questions de l'examinateur pendant l'entretien dirigé.

Votre nom :	....
Votre âge :	....
La ville où vous habitez :	....
Votre logement (maison / appartement) :	....
Votre classe :	....
Nombre de frère(s) et sœur(s) :	....
Prénom de vos frère(s) et sœur(s) :	....
Âge de vos frère(s) et sœur(s) :	....
Profession de votre père :	....
Profession de votre mère :	....
Le sport que vous faites :	....
2 activités que vous faites régulièrement :	....
Votre musique préférée :	....
Votre matière préférée à l'école :	....
Nom de votre meilleur ami :	....
Lieu de vos dernières vacances :	....
2 activités que vous avez faites pendant les vacances :	....

I | Au quotidien

Exercice 1 *Famille.*

Décrivez votre famille*. Avec qui passez-vous le plus de temps ? Vous voyez souvent vos cousins, vos grands-parents, vos oncles et tantes ? À quelle occasion ?

* Dites combien de frères et sœurs vous avez, leur nom, leur âge. Parlez de vos parents *(nom, âge, profession)*.

Exercice 2 *Logement.*

* Dites combien il y a de pièces, leur taille, leur disposition.

Comment est votre maison ? Décrivez-la*. Comment est votre chambre, la cuisine, le salon, etc.** ?

** Vous pouvez compléter votre monologue avec des éléments qui ne sont pas dans la consigne mais attention à ne pas vous éloigner du sujet.

Exercice 3 *Loisirs.*

Que faites-vous pendant votre temps libre ? Avez-vous un loisir préféré ? Quand et avec qui pratiquez-vous ce loisir ? Racontez.

Exercice 4 *Meilleur(e) ami(e).*

Qui est votre meilleur(e) ami(e) ? Où vous êtes-vous rencontré(e)s ? Il/Elle est votre ami(e) depuis combien de temps ? Décrivez-le/la.

Exercice 5 *Plat préféré.*

* Donnez les ingrédients de ce plat.

Quel est votre plat préféré ? Décrivez-le*. Pourquoi aimez-vous ce plat ? Quand en mangez-vous ? Qui le prépare ?

Exercice 6 *Chanteur/Chanteuse préféré(e).*

Quel(le) est votre chanteur/chanteuse préféré(e) ? Pourquoi ? Décrivez-le/la.

Exercice 7 *Films.*

Quels genres de films aimez-vous ? Quel est votre film préféré ? Pourquoi* ? Regardez-vous plutôt les films au cinéma ou à la télévision ? Pourquoi ?

* Dites ce que vous aimez dans ce film et racontez rapidement l'histoire. Ne parlez pas des détails du scénario et évitez de faire des phrases trop longues ou compliquées.

Exercice 8 *Dernières vacances.*

Où êtes-vous allé(e) pendant vos dernières vacances ? Combien de temps êtes-vous parti(e) ? Avec qui ? Qu'est-ce que vous avez fait ?

Exercice 9 *Transports.* ///

Quels sont vos moyens de transport préférés ? Pourquoi ? Quel moyen de transport utilisez-vous le plus souvent ?

Exercice 10 *Jeu préféré.* ///

Quel est votre jeu préféré ? Pourquoi ? Expliquez comment on joue à ce jeu. Avec qui jouez-vous en général ?

Exercice 11 *Vêtements.* ///

Quels vêtements mettez-vous ? Avec qui achetez-vous vos vêtements ? Où ? Dépensez-vous beaucoup d'argent pour vos vêtements ?

Exercice 12 *Anniversaire.* ///

Qu'est-ce que vous faites en général le jour de votre anniversaire ? Où et avec qui passez-vous cette fête ? Racontez votre dernier anniversaire*.

> * Donnez des détails sur le lieu, les invités, les cadeaux que vous avez eus, etc.

Exercice 13 *Tâches ménagères.* ///

Qui fait les tâches ménagères chez vous (*faire la vaisselle, mettre la table, faire le ménage, ranger sa chambre,* etc.) ? Faites-vous certaines tâches ? Lesquelles ? À quel moment ?

Exercice 14 *Internet.* ///

Quand et où vous connectez-vous à Internet ? Combien de temps restez-vous sur Internet ? Qu'est-ce que vous faites (*sites, blog, forum,* etc.) ?

/////////// **II** **À l'école** ///

Exercice 15 *Matières préférées.* ///

Quelles sont les matières que vous préférez et celles que vous n'aimez pas ? Quels sont vos résultats à l'école ?

Exercice 16 *Professeurs.* ///

Parlez des professeurs de votre école. Décrivez votre professeur préféré. Pourquoi l'appréciez-vous ?

Exercice 17 *Camarades de classe.* //

Parlez de vos camarades de classe. Comment sont-ils ? Combien d'élèves êtes-vous dans la classe ? Avez-vous des amis dans votre classe ? Racontez.

Exercice 18 *Pauses à l'école.* //

Combien de temps durent les pauses à l'école ? Qu'est-ce que vous faites pendant ce temps libre entre les cours ? Avec qui êtes-vous normalement ?

Exercice 19 *Déjeuner à l'école.* ///

Pour le déjeuner, où mangez-vous en général ? Avez-vous un restaurant scolaire ? Décrivez votre repas habituel.

Exercice 20 *Activités à l'école.* //

Parlez des activités proposées par votre école. Quand ont-elles lieu ? Participez-vous à ces activités ? Pourquoi ? Racontez.

Exercice 21 *Bibliothèque.* ///

Comment est la bibliothèque de votre école ? Quand allez-vous à la bibliothèque ? Combien de fois par semaine ? Qu'est-ce que vous y faites ?

Exercice 22 *Voyage scolaire.* //

Racontez un voyage scolaire* que vous avez fait. C'était où ? Quand ? Qu'avez-vous fait ? Avez-vous aimé ce voyage ? Pourquoi ?

> * Il est important de faire un plan pour organiser vos idées. Utilisez les éléments de la consigne pour préparer votre plan.

Exercice 23 *Spectacle de l'école.* ///

Quand a lieu le spectacle de votre école ? Décrivez le dernier spectacle. Dites ce que vous aimez et ce que vous n'aimez pas dans ce spectacle.

///////// **I** **Au quotidien** //

Exercice 24 *Sortie au cinéma.* //

Vous habitez en France. Avec votre ami français, vous voulez aller au cinéma. Vous discutez du film, du lieu, de l'heure et du moyen de transport pour y aller.
L'examinateur joue le rôle de l'ami.

> * Quand l'examinateur joue le rôle de l'ami, vous allez utiliser le « tu » pour lui parler.

Aventure

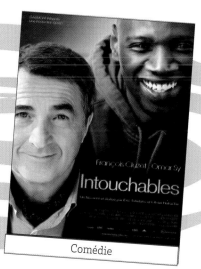

Comédie

Exercice 25 *Sortie sportive.* ///

Votre ami français passe ses vacances chez vous. Il veut faire du sport. Vous lui dites quelles activités sportives on peut faire près de chez vous (*sports, lieux, prix...*) et vous choisissez une activité ensemble.
L'examinateur joue le rôle de l'ami.

Exercice 26 *Fête.* //

Votre ami français organise une fête chez lui. Vous allez l'aider à préparer cette fête. Vous parlez ensemble de ce qu'il faut faire (*invitations, musique, boissons*, etc.).
L'examinateur joue le rôle de l'ami.

Exercice 27 *Cadeau d'anniversaire.* //

C'est bientôt l'anniversaire de Paul. Avec un ami français, vous cherchez quel cadeau lui offrir*.
L'examinateur joue le rôle de l'ami français.

> * Discutez du prix, de qui va l'acheter, quand, etc.

a.

Une entrée de cinéma**

> ** Vous pouvez proposer d'autres idées de cadeaux que celles des images.

b.

Un jeu vidéo

c.

Un casque pour écouter de la musique

Exercice en interaction

Exercice 28 **Concert.** //

Vous habitez à Bruxelles. Avec votre ami belge, vous voulez aller voir un concert. Ensemble, vous choisissez le concert, la date, et le moyen de transport pour y aller.
L'examinateur joue le rôle de l'ami.

Exercice 29 **Déjeuner.** //

Vous êtes en vacances chez votre correspondant, en France. Vous vous mettez d'accord sur le lieu où vous allez manger à midi.
L'examinateur joue le rôle du correspondant.

//////////// **II** **À l'école** //

Exercice 30 **Travail.** //

Vous êtes à l'école, en France. Vous n'avez pas compris un exercice de mathématiques. Vous donnez rendez-vous à un ami de votre classe pour travailler ensemble. Vous décidez du jour, de l'heure et du lieu de votre rendez-vous.
L'examinateur joue le rôle de l'ami.

Exercice 31 *Activité à l'école.* //

Vous êtes à l'école, en France. Plusieurs activités sont* proposées après les cours. Avec votre camarade de classe, vous décidez quelle activité choisir**.
L'examinateur joue le rôle du camarade de classe.

** Décidez de l'activité et aussi du jour et de l'heure.

* Même si vous n'avez pas de préférences particulières, il faut faire semblant. Dans cette partie de l'épreuve, vous jouez un personnage.

Exercice 32 *Sortie.* //

Vous voulez passer du temps avec un ami français, dans la semaine. Vous décidez ensemble de l'activité que vous allez faire. Vous fixez un jour, une heure et un lieu de rendez-vous.
L'examinateur joue le rôle de l'ami.

VOTRE EMPLOI DU TEMPS

	LUNDI	MARDI	MERCREDI	JEUDI	VENDREDI
8 h 30-12 h 30	école	école	école	école	école
12 h 30-14 h	déjeuner à la maison	déjeuner à la maison	déjeuner à la maison	déjeuner à la maison	déjeuner à la maison
14 h 00-18 h 00	école	école	école	école	
18 h-20 h	cours de piano		volley		

Exercice 33 *Nouvel élève.* //

Un nouvel élève suisse est arrivé dans votre classe. Vous lui donnez des informations sur le fonctionnement de l'école *(horaires, restaurant scolaire, règlement...)*, sur les professeurs, sur les élèves, etc.
L'examinateur joue le rôle du nouvel élève.

Partie 3

Exercice en interaction

////////// **III** | **Dans les lieux publics** //

Exercice 34 *Au musée des beaux-arts.* ///

Vous êtes à Montréal, en vacances avec votre famille. Vous entrez dans le musée des beaux-arts de Montréal pour demander des informations. Vous vous renseignez sur le prix, les horaires d'ouverture, les œuvres d'art et les animations.
L'examinateur joue le rôle de l'employé du musée*.

> * Quand l'examinateur joue le rôle d'un vendeur, employé, professeur, etc., vous devez utiliser le « vous » pour lui parler. N'oubliez pas de saluer et de remercier.

Exercice 35 *Transports.* //

Vous êtes en vacances, à Bruxelles, avec vos parents. Vous voulez prendre un abonnement pour les transports de la ville. Vous parlez avec l'employé, au guichet du métro, pour avoir des informations (*différents abonnements, prix*, etc.). Vous choisissez un abonnement.
L'examinateur joue le rôle de l'employé.

Exercice 36 *À la poste.* //

Vous êtes en France, en vacances avec votre famille. Vous avez acheté des cadeaux pour vos amis et vous souhaitez les envoyer par courrier. Vous demandez des renseignements à l'employé de la poste. Vous vous informez sur le prix, la durée et la sécurité de l'envoi.
L'examinateur joue le rôle de l'employé de la poste.

Exercice 37 *Objets trouvés.* ///

Vous êtes en vacances à Montréal. Vous avez perdu votre sac à la gare. Vous allez au bureau des « Objets trouvés ». Vous décrivez votre sac à l'employé.
L'examinateur joue le rôle de l'employé du bureau des « Objets trouvés ».

Exercice 38 *Chemin.* //

Vous vous promenez dans Paris. Un touriste francophone vous demande son chemin. Vous lui indiquez la direction qu'il doit prendre*.
L'examinateur joue le rôle du touriste.

> * Pour donner des indications claires, utilisez le vocabulaire des directions et des mots de liaisons (*ensuite, après*, etc.)

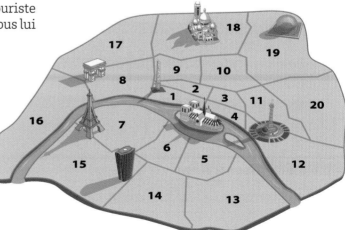

Exercice 39 *À l'Office de tourisme.* ///

Vous êtes à Bruxelles, en vacances avec votre famille. Vous entrez à l'Office de tourisme. Vous posez des questions à l'employé pour avoir des informations sur les sorties, les visites et les musées, à Bruxelles. *L'examinateur joue le rôle de l'employé de l'Office de tourisme.*

Exercice 40 *Lieux pour faire du sport.* ///

Vous êtes à Genève pour quelques mois. Vous voulez faire du sport sans payer trop cher. Vous allez à la mairie pour demander des informations sur les sports possibles, les cours et les tarifs. *L'examinateur joue le rôle de l'employé de la mairie.*

Exercice 41 *Au restaurant.* //

Vous êtes dans un restaurant en France, avec votre famille. Vous demandez au serveur des informations sur le menu. *L'examinateur joue le rôle du serveur.*

MENU Restaurant Chez Dédé

15 euros TTC

Entrée	Plat principal	Dessert
Soupe de poisson	Pâtes à la bolognaise	Mousse au chocolat
Salade de tomates	Poulet frites	Crêpes au sucre
Pâté de campagne	Poisson du jour	Fruits

/////////// **IV** **Dans les magasins** ///

Exercice 42 *Dans un magasin de vêtements.* ///

Vous êtes en vacances, en France. Vous voulez acheter des vêtements pour votre meilleur ami. Vous allez dans un magasin. Vous demandez des informations au vendeur sur les tailles, les couleurs et les prix des articles. *L'examinateur joue le rôle du vendeur.*

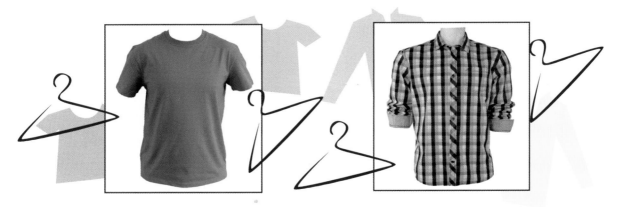

Exercice 43 *Dans un magasin de DVD.*

Vous êtes à Bruxelles avec des amis. Vous entrez dans un magasin pour acheter un DVD. Vous posez des questions au vendeur pour choisir votre film. Vous demandez des informations sur le film, les acteurs, la durée, la langue des sous-titres, etc.
L'examinateur joue le rôle du vendeur.

Exercice 44 *Dans un magasin de CD.*

Vous êtes en vacances à Montréal. Vous voulez acheter des CD de musique canadienne francophone. Vous allez dans un magasin et vous demandez des informations sur les chanteurs et les prix des CD.
L'examinateur joue le rôle du vendeur.

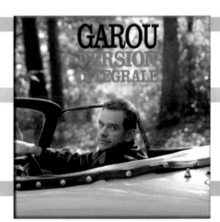

Exercice 45 *Chez le marchand de journaux.* ///

Vous êtes chez un marchand de journaux, en France. Vous voulez acheter des magazines. Vous demandez au vendeur des informations sur le contenu et sur les prix.
L'examinateur joue le rôle du vendeur.

Exercice 46 *Dans une libraire.* ///

Vous entrez dans une librairie, en France. Vous voulez acheter des livres pour votre famille d'accueil. Vous posez des questions au libraire (*genre, prix*, etc.). Vous choisissez plusieurs livres.
L'examinateur joue le rôle du libraire.

Exercice 47 *Dans une bagagerie.* ///

Vous êtes en France, en vacances avec votre famille. Votre valise est cassée. Vous entrez dans un magasin pour acheter une nouvelle valise. Vous posez des questions au vendeur pour faire votre choix (*prix, taille, poids*, etc.)
L'examinateur joue le rôle du vendeur.

Partie 2

Monologue suivi

... / 25 points

Sujets au choix

... / 5 points

Sujet 1 *Sport.* ///

Quels sont vos sports préférés ? Pourquoi ? Où et quand les pratiquez-vous ? Racontez.

Sujet 2 *Sortie à l'école.* ///

Racontez une sortie avec l'école. Où êtes-vous allé(e) ? Qu'est-ce que vous avez-fait ? Avez-vous aimé cette sortie ? Pourquoi ?

Partie 3

Exercice en interaction

Sujets au choix

... / 6 points

Sujet 1 *Présentation orale.* //

Vous prenez des cours de français dans une école. Avec un camarade de classe, vous devez préparer une présentation orale pour le prochain cours. Vous choisissez le sujet de votre présentation et vous décidez comment vous organisez votre travail.
L'examinateur joue le rôle du camarade de classe.

Sujet 2 *À la gare.* //

Vous êtes en vacances, en France, à Paris. Vous voulez aller à Marseille pour quelques jours. Vous demandez des informations à l'employé de la gare sur les horaires possibles et les prix.
L'examinateur joue le rôle de l'employé de la gare.

Le Quiz du delf

Regardez la vidéo *Le Quiz du DELF* sur le CD-ROM du livre et répondez aux questions.

Situations	Réponse A	Réponse B	Réponse C
Situation **1**			
Situation **2**			
Situation **3**			
Situation **4**			
Situation **5**			
Situation **6**			
Situation **7**			
Situation **8**			
Situation **9**			
Situation **10**			

Ma note :   / 10

Delf blanc

Delf blanc n°1

Compréhension orale

... / 25 points

Exercice 1 *Lisez les questions. Écoutez l'enregistrement puis répondez.* ///////////

Vous êtes à l'école, en France. Vous entendez une annonce dans la cour de récréation.   ... / 5 points

1 • Quand monsieur Cerisier sera-t-il absent ?   ... / 1 point

....

2 • Les élèves de 4ᵉ B pourront arriver...   ... / 1 point

    a. à 9 h 00, comme tous les jours.   **b.** à 12 h 00, avec leurs parents.   **c.** à 10 h 30, avec une lettre des parents.

3 • Que peut-on faire à 9 h 00, en salle 12 ?   ... / 1 point

    a. Étudier.   **b.** Faire un contrôle.   **c.** Voir un film.

4 • Où devront aller les élèves de 3ᵉ F ?   ... / 1 point

....

5 • Quel professeur surveillera le contrôle ?   ... / 1 point

....

Exercice 2 *Lisez les questions. Écoutez l'enregistrement puis répondez.* ///////////

Vous écoutez ce message de votre ami français sur votre répondeur.   ... / 6 points

1 • Abdel va au mariage...   ... / 1 point

    a. d'un ami.   **b.** de son frère.   **c.** de son cousin.

2 • Quand part-il ?   ... / 1,5 point

....

3 • Abdel vous propose un nouveau rendez-vous...   ... / 1 point

    a. lundi. **b.** vendredi. **c.** dimanche.

4 • Où est le nouveau rendez-vous ?   ... / 1,5 point

....

5 • À quel numéro devez-vous rappeler Abdel ?   ... / 1 point

 ....

Exercice 3   *Lisez les questions. Écoutez l'enregistrement puis répondez.*

Vous écoutez cette annonce sur une radio francophone.   ... / 6 points

1 • Comment s'appelle le jeu ?   ... / 1 point

....

2 • À quelle heure est le jeu ?   ... / 1 point

    a. 10 heures. **b.** 12 heures. **c.** 14 heures.

3 • Pour gagner, vous devez trouver le nom...   ... / 1 point

    a. d'un album. **b.** d'un chanteur. **c.** d'une chanson.

4 • Que devez-vous faire ensuite ?   ... / 1 point

....

5 • Que pouvez-vous gagner à ce jeu ?   ... / 1 point

6 • Que peuvent faire les perdants pour gagner à d'autres jeux ?   ... / 1 point

....

Exercice 4   *Lisez les questions. Écoutez l'enregistrement puis répondez.*

Vous entendez cette conversation dans une école, à Bruxelles.   ... / 8 points

1 • Que propose Pablo à Max ?   ... / 2 points

    a. De rentrer avec lui à la maison. **b.** De rentrer plus tard. **c.** De ne pas faire les devoirs, ce soir.

2 • À quelle heure les cours terminent-ils, ce soir ? ... / 2 points

....

3 • Pourquoi Max refuse-t-il la proposition de Pablo ? ... / 2 points

    a. Il a trop de devoirs.   **b.** Il a un cours de musique.   **c.** Sa mère ne veut pas.

4 • Les deux amis vont se déplacer... ... / 2 points

Compréhension **écrite**   ... / 25 points

Exercice 1   *Écrivez le numéro de l'annonce qui correspond à chaque personne.* ///////////////////////////////

Vous êtes en séjour linguistique, au Québec. Vous voulez vous inscrire à un cours avec vos amis. Vous lisez ces annonces dans le programme. Quelles activités allez-vous proposer à vos amis ?   **... / 5 points**

Annonce 1

Cours de vidéo

Apprenez à réaliser des petits films avec une caméra numérique. L'objectif : participer au Festival du film amateur de Montréal.

Annonce 2

Cours de piano et de solfège
au conservatoire de Montréal.
Inscription ouverte pour le jazz
et la musique classique.

Annonce 3

La chorale **Chœur d'Ebène**
propose des cours de chant
pour adolescents.
Groupe de 15 personnes.
Débutants acceptés.

Annonce 4

Découvrez le clown
qui est en vous !

Inscrivez-vous au cours
de clown du **Théâtre Lune**
et participez à un spectacle
à la fin du stage.

Annonce 5

COURS DE
GUITARE ÉLECTRIQUE
Apprenez les plus
grands tubes du rock
et du punk avec une
méthode simple et
rapide.

	Annonce n°
a. Mathilde aime chanter en groupe.	
b. Clara aime faire rire.	
c. William rêve de jouer dans un groupe de rock.	
d. Pauline veut devenir pianiste.	
e. Éthan est passionné de cinéma.	

Exercice 2 *Répondez aux questions.* //

Vous recevez ce message de votre ami français. ... / 6 points

---

De: max12b@oal.com

Objet : invitation

Salut !

J'espère que tu vas bien. Ça fait longtemps qu'on ne s'est pas vus !!! Je vais fêter mon anniversaire samedi prochain. Tu es libre ? J'organise une petite fête à 17 h chez moi, avec ma famille et quelques amis. Ma grande sœur sera là, tu sais, celle qui étudie à Londres. Elle est venue spécialement pour me voir ! Je suis trop content ! Ensuite, on ira au *Moov'up* vers 21 h avec les copains du collège. C'est une discothèque pour ados, il y a de la super musique. On va rentrer à minuit. Si tu veux, tu peux dormir à la maison.

J'espère que tu vas venir ! Réponds-moi vite !

Ciao

Maxime

---

1 • Vrai ou faux ? Cochez (✓) la case correspondante et recopiez la phrase ou la partie du texte qui justifie votre réponse. ... / 1,5 point

	VRAI	FAUX
Vous avez vu Maxime hier.		
Justification :		

2 • Quand Maxime va-t-il fêter son anniversaire ? ... / 1,5 point

....

3 • Où commence la fête ? ... / 1 point

   a. Au collège.   **b.** Dans une discothèque.   **c.** Chez Maxime.

4 • La grande sœur de Maxime va... ... / 1 point

   a. venir à l'anniversaire.   **b.** rester à Londres.   **c.** voyager en Angleterre.

5 • Maxime veut aller au *Moov'up* avec... ... / 1 point

   a. sa grande sœur.   **b.** ses copains.   **c.** ses parents.

Exercice 3 *Répondez aux questions.*

Vous voulez préparer un plat français. Vous lisez cette recette sur Internet.   ... / 6 points

Tomates provençales

Préparation : 10 mn
Cuisson : 30 mn

Ingrédients (pour 4 personnes)

✓ 8 tomates bien rouges
✓ huile d'olive
✓ ail, persil, sel, poivre
✓ fromage râpé

Préparation

Coupez les tomates en deux et mettez-les dans un plat avec un peu d'huile.
Ajoutez de l'ail, du persil, du sel et du poivre sur chaque moitié de tomates.
Mettez ensuite un peu de fromage sur le dessus des tomates.
Ajoutez un petit peu d'eau au fond du plat et mettez au four à 200°C pendant environ une demi-heure.

Servez chaud, tiède ou froid avec du riz ou de la viande.

Bon appétit !

1 • Pour cette recette, il faut...   ... / 1 point

 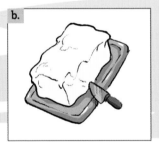 

2 • Que devez-vous faire en premier ?   ... / 1 point

    a. Couper les tomates.   **b.** Mettre du sel sur les tomates.   **c.** Mettre les tomates dans un plat.

3 • Que devez-vous mettre sur les tomates avant de les mettre au four ?   ... / 1,5 point

....

4 • Vous devez faire cuire les tomates...   ... / 1 point

    a. 10 minutes.   **b.** 20 minutes.   **c.** 30 minutes.

5 • Avec quoi pouvez-vous manger ce plat ? (Deux réponses possibles.)   ... / 1,5 point

....

Exercice 4 *Répondez aux questions.* ///

Vous êtes en Belgique. Vous lisez cet article dans un journal pour les jeunes.   ... / 8 points

Vous préférez vivre à la campagne ou en ville ? Pourquoi ?

Guillerm Leguen, notre journaliste, a posé cette question à des jeunes de la ville et de la campagne.

Cédric : Salut ! Moi, j'aime vivre à la campagne. C'est tranquille. Il y a beaucoup d'arbres et de fleurs, moins de pollution et l'air est très pur. Et je pourrai vivre plus longtemps !

Laura : En ville, il y a beaucoup plus de choses à faire. On met moins de temps pour aller à l'école ou dans les magasins.

Jean : La ville me plaît plus. Tout est près de la maison, la boulangerie, le supermarché, l'école, etc. Mais... la campagne, c'est plus tranquille, c'est beau, je voudrais bien y vivre aussi...

Maëlle: À la campagne ! Je ne peux pas supporter la foule, il y a trop de gens en ville...

Vincent : En ville. Pour les animations. J'aimerais habiter à Paris ou à Berlin. Il n'y a rien à faire à la campagne... Je le sais, j'y habite... Mais c'est vrai qu'il y a moins de pollution et moins de stress...

1 • Cédric préfère la campagne parce...   ... / 1 point

    a. qu'il déteste la ville.   **b.** que l'air est pur, c'est moins pollué.   **c.** qu'il n'y a pas de circulation.

2 • Pourquoi Laura et Jean disent que la ville c'est mieux ?   ... / 1,5 point

....

3 • Qui dit que la campagne est plus tranquille ? (Deux réponses possibles.)   ... / 2 points

....

4 • En ville, qu'est-ce que Maëlle déteste ?   ... / 1 point

5 • Vincent aimerait habiter...   ... / 1 point

    a. dans une petite ville.   **b.** dans une grande ville.   **c.** à la campagne.

6 • Où habite Vincent ?   ... / 1, 5 point

....

Production écrite

Exercice 1 //

Votre professeur de français vous demande d'écrire un texte sur vos passions. Vous expliquez ce que vous aimez faire, avec qui, pourquoi, depuis quand, etc.   (60 mots minimum.)   **... / 13 points**

....
....
....
....
....
....

Exercice 2 //

Vous recevez ce message d'une amie française.   **... / 12 points**

De : marine@mel.fr
Objet : Nouvelles
Salut,
Je vais partir vivre à New York avec ma famille. Mon père a trouvé un travail là-bas. Je suis très contente mais aussi un peu triste car je vais te voir moins souvent...
Écris-moi vite !
Marine

Vous répondez à Marine. Vous lui posez des questions sur son départ à New York. Vous donnez aussi de vos nouvelles. (60 mots minimum.)

De :
Objet :

Production orale   ... / 25 points

Partie 2

Monologue suivi

- ## Sujets au choix   ... / 5 points

Sujet 1 **Week-ends.** ///

Parlez de vos week-ends. Que faites-vous en général ? Avec qui ? Racontez votre dernier week-end.

Sujet 2 **Aller à l'école.** //

Comment allez-vous à l'école ? Avec qui ? Combien de temps mettez-vous ? Racontez.

Partie 3

Exercice en interaction

- ## Sujets au choix   ... / 6 points

Sujet 1 **Vacances.** //

Vous partez en vacances avec un ami français. Vous choisissez ensemble la destination. Vous décidez avec lui du transport, de l'hôtel, des activités, etc.
L'examinateur joue le rôle de l'ami.

Sports et Vacances 8 jours / 9 nuits

Un centre sportif pour les adolescents, à Biarritz. Découvrez toutes nos activités au bord de mer.
- **Activités : plongée, surf, voile.**
- **Prix : 600 euros.**

Club Aventure 5 jours / 6 nuits

Vous aimez l'aventure et la nature ? Bienvenue au *Club Aventure* !
- **Activités : équilibre, escalade, rafting.**
- **Prix : 450 euros.**

Voyage découverte 7 jours / 8 nuits

Partir au Canada pour apprendre le français ? C'est possible avec *Voyage Découverte*.
- **Activités : ski, luge, randonnée.**
- **Prix : 1 350 euros.**

Club théâtre 5 jours / 6 nuits

Vous voulez devenir comédien ? Bienvenue au *Club théâtre* de Genève !
- **Activités : théâtre, clown, cirque.**
- **Prix : 600 euros.**

Production orale

Sujet 2 *À la pâtisserie.* ///

Vous êtes dans une pâtisserie, en Bretagne. Vous voulez acheter une spécialité de la région pour des amis. Vous posez des questions au pâtissier pour faire un choix (*prix, ingrédients, date limite de consommation,* etc.) *L'examinateur joue le rôle du pâtissier.*

Far breton

Kouign amann

Palets bretons

Delf blanc n°2

Compréhension orale ... / 25 points

Exercice 1 *Lisez les questions. Écoutez l'enregistrement puis répondez.* ////////////////////////////

Vous êtes à l'école, en France. Vous entendez cette conversation dans votre classe. ... / 5 points

1 • À quelle heure Laura arrive-t-elle en classe ? ... / 1 point

    a. 8 heures 15.   **b.** 8 heures 30.   **c.** 8 heures 45.

2 • Pourquoi est-elle en retard ? ... / 1 point

....

3 • Cette semaine, Laura est en retard pour la... ... / 1 point

    a. première fois.   **b.** deuxième fois.   **c.** troisième fois.

4 • Pourquoi Laura se couche-t-elle tard, le soir ? ... / 1 point

5 • Que va faire le professeur, ce soir ? ... / 1 point

....

Exercice 2 *Lisez les questions. Écoutez l'enregistrement puis répondez.* ////////////////////

Vous écoutez ce message de votre professeur de théâtre français sur votre répondeur.　… / 6 points

1 • Combien de cours annule le professeur ?　　　　　　　　　　　　　　　… / 1 point

    a. Un.　**b.** Deux.　**c.** Trois

2 • Le professeur doit…　　　　　　　　　　　　　　　　　　　　　　　… / 1 point

    a. aller voir sa famille.　**b.** faire un spectacle à Bordeaux.　**c.** écrire les textes du prochain spectacle.

3 • Vendredi ou samedi, le professeur veut…　　　　　　　　　　　　　　… / 1 point

    a. faire le spectacle.　**b.** organiser un cours.　**c.** essayer les costumes.

4 • Que devez-vous dire au professeur ?　　　　　　　　　　　　　　　　… / 1,5 point

....

5 • Quand a lieu le spectacle ?　　　　　　　　　　　　　　　　　　　　… / 1,5 point

....

Exercice 3 *Lisez les questions. Écoutez l'enregistrement puis répondez.* ////////////////////

Vous êtes en France et vous entendez cette interview à la radio.　　　… / 6 points

1 • Zoé est en concert…　　　　　　　　　　　　　　　　　　　　　　　… / 1,5 point

    du .... au ....

2 • Ce spectacle intéresse surtout les…　　　　　　　　　　　　　　　　… / 1 point

    a. enfants.　**b.** adolescents.　**c.** adultes.

3 • La musique de Zoé est un mélange de musique électronique et de…　… / 1 point

    a. rock.　**b.** jazz.　**c.** rap.

4 • Qui va venir sur scène avec Zoé ?　　　　　　　　　　　　　　　　　… / 1 point

5 • Dans combien de villes Zoé sera-t-elle en concert ?　　　　　　　　… / 1,5 point

....

Compréhension orale

Exercice 4 *Associez chaque dialogue à la situation qui correspond.* ///////////////////////////////

Vous êtes à l'école, en France. Vous entendez ces conversations.

... / 8 points
(2 points par dialogue)

Dialogue	Situation
Dialogue **1**	**a.** Donner son accord.
Dialogue **2**	**b.** Décrire quelqu'un.
Dialogue **3**	**c.** Saluer quelqu'un.
Dialogue **4**	**d.** S'excuser.

Compréhension écrite

... / 25 points

Exercice 1 *Écrivez le numéro de l'annonce qui correspond à chaque personne.* ///////////////////////////

Vous êtes en France. Vos amis choisissent un concert. Lequel ?

... / 5 points

Annonce 1

Super Sonik et Kiplusé

Arles - 25/05
De la pop, de l'électro
et du rock moderne...

Annonce 2

Magic Malik invite des artistes

30 juillet - Nancy
Jazz, blues, électro, rock et thèmes de société.

Annonce 3

Sabir, rap et hip hop

Plein de nouveautés.
La jeunesse et le monde
de la danse seront
présents sur scène.

Annonce 4

Babeth

28 août - Orléans
Rock et chanson française. Soirée électrique !

Annonce 5

18 Juin - Montpellier
Méga concert ethnique, musiques orientales
et africaines. La danse va être au rendez-vous !

	Annonce n°
a. Aude aime le rock français mais elle n'aime pas le hip hop ni la pop.	
b. Juliette veut écouter la musique électronique. Elle n'aime pas le Jazz.	
c. Dany adore la danse mais il déteste le rap.	
d. Clara aime tous les styles. Elle s'intéresse à la société en général.	
e. Maxence aime les nouveaux artistes et la danse de rue.	

Exercice 2 *Répondez aux questions.* ///

Vous recevez ce message de votre amie française.   ... / 6 points

---

De : evagrilleau@hotmail.fr

Objet : Vacances

Salut !

Je suis rentrée de vacances il y a une semaine. Je suis partie avec mes parents en Irlande, en voiture, pendant trois semaines. Ma sœur nous a rejoints la 2ème semaine, en avion, parce qu'elle travaillait avant. C'est très vert là-bas, il y a beaucoup de champs avec des vaches et des moutons. Il a plu presque tous les jours, mais heureusement, on avait apporté des parapluies !

J'ai dû beaucoup parler anglais parce que mes parents ne sont pas très forts... On a dormi chez l'habitant, c'est comme dans un petit hôtel mais chez des gens. Ils étaient très sympas et ils nous ont expliqué plein de choses sur leur pays.

J'espère que tu as passé de bonnes vacances. Raconte-moi !

Bises

Éva

---

1 ● Éva est partie en Irlande pendant combien de temps ?   ... / 1,5 point

....

2 ● Comment a-t-elle fait le voyage ?   ... / 1 point

a.   b.   c.

3 ● Pourquoi sa sœur est-elle arrivée plus tard ?   ... / 1,5 point

....

4 ● Qu'est-ce qu'Éva a vu ?   ... / 1 point

   a. La ville. **b.** La montagne. **c.** La campagne.

5 ● Éva a dormi...   ... / 1 point

   a. chez des amis. **b.** dans un grand hôtel. **c.** chez des gens du pays.

Compréhension écrite

Exercice 3 *Répondez aux questions.* //

Vous êtes chez Laura, une amie française. Vous lisez ce message de la voisine.

... / 6 points

Bonjour,

Je dois partir trois jours pour mon travail. Laura m'a dit que vous pouvez garder mon chien Tifou. C'est vraiment très gentil. Il faut le sortir trois fois par jour. Une fois le matin vers 9 h, la deuxième fois à 14 h, puis le soir à partir de 20 h. J'ai mis sa nourriture sur la table de la cuisine. Il faut lui donner 45 grammes par jour environ mais le soir, s'il a tout mangé, vous pouvez en mettre plus. Tifou est très gentil et il adore jouer. Son jeu préféré est la balle jaune, elle est sur la table à côté de la nourriture. Vous pouvez m'appeler le matin ou le soir au 06 88 45 87 67. Je vous téléphonerai mercredi.

Encore merci et à vendredi.

Annabelle (la voisine d'en face)

1 ● Quand devez-vous sortir le chien ? ... / 1,5 point

....

2 ● Vrai ou faux ? Cochez (✓) la case correspondante et recopiez la phrase ou la partie du texte qui justifie votre réponse. ... / 1,5 point

	VRAI	FAUX
Il faut donner au chien uniquement 45 grammes de nourriture par jour.		
Justification :		

3 ● Le chien adore... ... / 1 point

    a. jouer. **b.** manger. **c.** sortir.

4 ● Qu'est-ce qu'il y a sur la table ? ... / 1 point

5 ● Quand Annabelle rentre-t-elle ? ... / 1 point

    a. Mercredi. **b.** Jeudi. **c.** Vendredi.

Exercice 4 *Répondez aux questions.* ///

Vous êtes en France. Vous lisez cet interview dans un magazine.   ... / 8 points

> **Dans notre magazine *Studiociné*, cette semaine, nous proposons une courte interview de *Guillaume Tedesco* qui parle de son dernier film.**
>
> *Journaliste :* Bonjour Guillaume !
> *Guillaume Tedesco :* Bonjour !
> *Journaliste :* Alors, racontez-nous votre film *Monsieur, c'est trop !*
> *Guillaume Tedesco :* Dans ce film, je suis un professeur de collège qui aime beaucoup son métier et ses élèves l'adorent. Un jour, un nouvel élève arrive et tout change...
> *Journaliste :* Et après...?
> *Guillaume Tedesco :* Je ne peux pas en dire plus ! Il faut aller voir le film, il est sorti au cinéma la semaine dernière.
>
> *Journaliste :* Oui et il plaît beaucoup au public, déjà 300 000 Français sont allés le voir et il est sorti aussi en Belgique et au Luxembourg...
> *Guillaume Tedesco :* Oui, c'est un film pour les jeunes mais il plaît aussi aux parents !
> *Journaliste :* Quels sont vos projets maintenant ?
> *Guillaume Tedesco :* Un téléfilm avec Judith Junot qui se passe encore dans une école.
> *Journaliste :* Merci Guillaume !
> *Guillaume Tedesco :* Merci à vous et à bientôt.

1 • Guillaume Tedesco est un...   ... / 1 point

    a. acteur. **b.** journaliste. **c.** professeur.

2 • Dans le film, les élèves...   ... / 1 point

    a. aiment leur professeur. **b.** détestent leur professeur. **c.** changent de professeur.

3 • Quand le film est-il sorti ?   ... /1,5 point

....

4 • Vrai ou faux ? Cochez (✓) la case correspondante et recopiez la phrase ou la partie du texte qui justifie votre réponse.   ... / 1,5 point

	VRAI	FAUX
Monsieur, c'est trop ! est sorti dans plusieurs pays.		
Justification :		

5 • Vrai ou faux ? Cochez (✓) la case correspondante et recopiez la phrase ou la partie du texte qui justifie votre réponse.   ... / 1,5 point

	VRAI	FAUX
Tous les spectateurs du film sont des adolescents.		
Justification :		

6 • Que va faire Guillaume Tedesco après ce film ?   ... / 1, 5 point

....

Production écrite

... / 25 points

//

Vous avez passé une semaine dans un camping avec des amis. Vous écrivez à un ami français pour lui raconter vos vacances *(lieu, activités, météo)*. Vous lui dites si vous avez aimé vos vacances et vous lui expliquez pourquoi. (60 mots minimum.)   ... / 13 points

....

....

....

....

....

....

//

Vous avez reçu ce message de votre amie française.   ... / 12 points

De : jasmine@mell.com
Objet : Sortie
Salut !
Demain après-midi, on va manger une glace au centre commercial avec des amis. Tu veux venir avec nous ?
Réponds-moi vite !
Jasmine

Vous répondez à Jasmine. Vous la remerciez et vous acceptez sa proposition. Vous lui demandez des informations sur le lieu du rendez-vous, l'heure et les personnes invitées. Vous lui proposez une activité à faire après. (60 mots minimum.)

De :
Objet :
....
....
....
....
....

Production orale   ... / 25 points

Partie 2

Monologue suivi

- ## Sujets au choix   ... / 5 points

Sujet 1 *Acteur(actrice) préféré(e).* //

Quel(le) est votre acteur(actrice) préféré(e) ? Pourquoi l'aimez-vous ? Décrivez-le(la). Dans quels films a-t-il/elle joué ?

Sujet 2 *Emploi du temps.* //

Quel est votre emploi du temps cette année, à l'école ? Expliquez. Aimez-vous cet emploi du temps ? Pourquoi ?

Partie 3

Exercice en interaction

- ## Sujets au choix   ... / 6 points

Sujet 1 *Repas à préparer.* //

Vous êtes chez votre correspondant français. Vous devez préparer le repas du soir avec lui. Vous discutez du menu, de ce qu'il faut acheter et de l'organisation.
L'examinateur joue le rôle du correspondant.

Sujet 2 *Spectacle.* //

Vous êtes à Bordeaux. Vous voulez aller voir un spectacle. Vous allez au guichet « Bordeaux événements » et vous demandez au vendeur des informations sur les différents spectacles, les prix, les dates et les horaires. Vous choisissez.
L'examinateur joue le rôle du vendeur.

Théâtre - Comédie

Chanson française
Reggae Pop

Compréhension orale

... / 25 points

Exercice 1 *Lisez les questions. Écoutez l'enregistrement puis répondez.*

Vous êtes chez votre correspondant, en France. Vous entendez cette annonce dans son école.   ... / 5 points

1 • Madame Herlaut et monsieur Lenoir sont ...   ... / 1 point

   a. malades.   **b.** sortis.   **c.** en retard.

2 • Les élèves de madame Herlaut doivent...   ... / 1 point

   a. entrer dans la bibliothèque.   **b.** entrer dans le restaurant scolaire.   **c.** attendre dans la cour de récréation.

3 • Monsieur Lenoir est...   ... / 1 point

   a. professeur de sport.   **b.** professeur de français.   **c.** professeur de dessin.

4 • Le cours de monsieur Lenoir est dans quelle salle ?   ... / 1 point

   ....

5 • Les élèves de monsieur Lenoir doivent prendre...   ... / 1 point

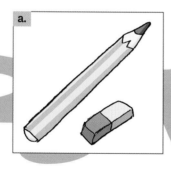

Exercice 2 *Lisez les questions. Écoutez l'enregistrement puis répondez.*

Vous recevez ce message d'une amie française sur votre répondeur.   ... / 6 points

1 • Pour aller chez Amélie, vous devez prendre la ligne de bus numéro...   ... / 1 point

   a. 15.   **b.** 84.   **c.** 62.

2 • Combien de temps faut-il pour arriver chez Amélie ?   ... / 1 point

   a. 10 minutes.   **b.** 15 minutes.   **c.** 30 minutes.

3 • À quel endroit devez-vous descendre du bus ?   ... / 1 point

....

4 • Amélie habite...   ... / 1 point

    a. près de l'école. **b.** rue de la Colombette. **c.** rue Lafayette.

5 • À quel nom devez-vous sonner ?   ... / 1 point

....

6 • Que devez-vous apporter ?   ... / 1 point

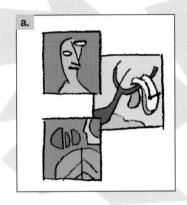  

Exercice 3 *Lisez les questions. Écoutez l'enregistrement puis répondez.* //////////////////////////

Vous écoutez une émission à la radio. Un journaliste interviewe Julien.   ... / 6 points

1 • Qui sont les invités de cette émission ?   ... / 1 point

    a. Des jeunes. **b.** Des artistes. **c.** Des travailleurs.

2 • En général, Julien regarde la télévision...   ... / 1 point

    a. une heure par jour. **b.** deux heures par jour. **c.** trois heures par jour.

3 • Que fait Julien quand il doit travailler ?   ... / 1 point

    a. Il ne regarde pas la télévision.
    b. Il regarde la télévision seulement le soir.
    c. Il regarde seulement certaines émissions.

4 • Qu'est-ce que Julien regarde, en général ? (Plusieurs réponses possibles.)   ... / 1,5 point

....

5 • Qu'est-ce que Julien n'aime pas à la télévision ? (Plusieurs réponses possibles.)   ... / 1,5 point

....

Compréhension orale

Exercice 4 *Lisez les questions. Écoutez l'enregistrement puis répondez.* ////////////////////////////

Vous êtes chez votre ami français. Vous entendez cette conversation. ... / 8 points

1 • Chloé et Lucas veulent faire un cadeau... ... / 2 points

    a. de Noël.   **b.** d'anniversaire.   **c.** de fête des mères.

2 • Que pense Lucas de l'idée du livre ? ... / 2 points

....

3 • Que vont offrir Chloé et Lucas ? ... / 2 points

....

4 • Quand Chloé va-t-elle acheter le cadeau ? ... / 2 points

....

Compréhension écrite

... / 25 points

Exercice 1 *Écrivez le numéro de l'annonce qui correspond à chaque personne.* ////////////////////////////

Vous êtes à l'école, en France. Vous devez faire un stage professionnel. Avec vos camarades de classe, vous regardez ces annonces. Quels stages vont intéresser vos amis ? ... / 5 points

Annonce 1

Stage dans la classe
de Mme Favre, école primaire
La Croix verte.
Contact : 01 69 04 31 78.

Annonce 2

Stage à l'hôpital de Corbeil,
service des urgences.
Appeler le secrétariat
au 01 67 43 09 00.

Annonce 3

Stage au service informatique de l'agence E2M, Evry.
Contact : e2m@gmail.com

Annonce 4

Stage de cuisine au restaurant *La poule d'or* Juvisy. 01 62 09 51 87.

Annonce 5

Stage à l'aéroport d'Orly, service « Accueil passagers ». Anglais obligatoire.
Contact : c.henry@adp.fr

		Annonce n°
a.	Miguel adore faire des petits plats.	
b.	Inès voudrait travailler avec des enfants.	
c.	Mathilde adore les langues étrangères et veut les pratiquer.	
d.	Sonny aime beaucoup travailler sur un ordinateur.	
e.	Fatima voudrait devenir médecin.	

Exercice 2 *Répondez aux questions.* ....

Vous êtes en vacances en France. Un ami vous envoie ce message électronique.   **... / 6 points**

De: damien98@oal.com

Objet : Pique-nique

Salut !

Avec Steph et Maeva, on va faire un pique-nique au bord de la mer. Tu veux venir avec nous ? Si oui, prends quelque chose à manger par exemple, une salade ou un sandwich. Maeva apporte les boissons et on achètera des glaces sur la plage, elles sont très bonnes !

Les filles veulent se mettre au soleil mais nous, on pourra jouer au volley, si tu veux. Par contre, je n'ai pas de ballon, tu en as un ?

On se retrouve à 12 h 30 à l'entrée de la plage. C'est devant l'hôtel *Nizz'art*. Appelle-moi pour me dire si tu viens.

NB : N'oublie pas la crème solaire car il fait vraiment chaud !

À plus

Damien

---

1 • Où a lieu le pique-nique ?   ... / 1 point

2 • Vrai ou faux ? Cochez (✓) la case correspondante et recopiez la phrase ou la partie du texte qui justifie votre réponse.

... / 1,5 point

	VRAI	FAUX
Vous devez prendre des boisssons. *Justification :*		

3 • Vous devez apporter...   ... / 1 point

    a. des glaces.   **b.** des gâteaux.   **c.** un sandwich.

4 • Quel objet Damien vous demande ?   ... / 1,5 point

....

5 • Où est le rendez-vous ?   ... / 1 point

    a. Devant l'hôtel.

    b. Dans l'hôtel.

    c. Sur la plage.

Exercice 3 *Répondez aux questions.*

Vous êtes dans une famille d'accueil. Les parents sont sortis, ils vous ont laissé un message sur la table. ... **/ 6 points**

> Bonsoir !
>
> Ce soir, nous ne rentrons pas pour dîner car nous sortons avec Jo et Marie. Pour manger, tu peux te servir dans le frigo. Il y a du melon et du poulet rôti avec des pommes de terre. Tu peux les réchauffer au four micro-ondes (1 minute environ). Il y a aussi de la tarte aux pommes pour le dessert. Si tu regardes la télé, n'oublie pas de tout éteindre quand tu sortiras du salon et ferme bien la porte d'entrée à clé. Si tu décides de sortir avec tes amis ce soir, téléphone-nous sur le portable pour nous dire où tu vas et laisse les clés chez la voisine.
>
> Passe une bonne soirée !
>
> Cécile et Stéphane
>
> PS : Nous rentrerons vers 23 h 00.

1 ● Pourquoi Cécile et Stéphane ne rentrent pas dîner ? ... / 1 point

    a. Ils doivent travailler tard.   **b.** Ils vont dîner avec des amis.   **c.** Ils partent en week-end.

2 ● Qu'est-ce qu'il y a dans le frigo ? (Deux réponses attendues) ... / 1,5 point

....

3 ● Comment allez-vous réchauffer votre repas ? ... / 1,5 point

....

4 ● Qu'est-ce que vous devez faire avant de sortir du salon ? ... / 1 point

5 ● Que devez-vous faire si vous sortez avec des amis ? ... / 1 point

    a. Envoyer un message à Cécile et Stéphane.

    b. Prévenir la voisine.

    c. Appeler Cécile et Stéphane.

Compréhension écrite

Exercice 4 *Répondez aux questions.* //

Vous voulez partir en vacances au Canada. Vous lisez cette brochure.   ... / 8 points

Séjours en montagne

Le Club des sports vous propose 2 séjours en montagne au *Relais*, à Lac-Beauport.

Séjour 1

Pour les sportifs, un séjour ski intensif. Vous ferez du ski 5 jours par semaine, 5 heures par jour. Nos professeurs sont tous expérimentés. Cours spéciaux pour débutants. Perfectionnement pour les skieurs avancés. À la fin du séjour, vous pourrez passer un examen pour obtenir vos « Étoiles de ski ».

Saison : du 20 décembre au 1er avril.

Séjour 2

Pour les amoureux de la nature, un séjour de randonnée en montagne, à la découverte des animaux et des fleurs de la région. Le séjour comprend également une visite à Québec pour voir ses musées et ses jardins.

Saison : du 1er mai au 31 août.

Club des sports

1130, boulevard René-Lévesque Est

Québec, QC G1H 4P7, Canada

+1 800-497-2461

Hébergement : en chambre de 4 personnes à l'hôtel. Repas pris dans la salle à manger de l'hôtel.
Tarifs : se connecter sur www.clubdessports.fr

1 • Pour faire beaucoup de sport, quel séjour allez-vous choisir ?   ... / 1,5 point

....

2 • Vrai ou faux ? Cochez (✓) la bonne réponse et recopiez la phrase ou la partie du texte qui justifie votre réponse.

... / 3 points

	VRAI	FAUX
a. Le séjour 1 propose uniquement des cours de ski niveau débutant. *Justification :*		
b. Pour participer au séjour 1, vous devez passer un examen. *Justification :*		

3 • Quelle activité allez-vous faire dans le séjour 2 ?   ... / 1 point

    a. Du vélo. **b.** De la course. **c.** De la marche à pied.

4 • Quel séjour comprend une visite culturelle ?   ... / 1,5 point

....

5 • Pour connaître les prix, vous devez...   ... / 1 point

    a. téléphoner. **b.** envoyer un courriel. **c.** aller sur le site Internet.

Production écrite

... / 25 points

Exercice 1

Des amis canadiens ont passé leurs vacances chez vous. Vous écrivez un message à un ami français pour raconter ce que vous avez fait. Expliquez ce qu'ils ont préféré dans votre ville (*musées, sorties, restaurants*, etc.). (60 mots minimum.)　　　　　　　　　　... / 13 points

> **De :**
> **Objet :**
>
> ....
> ....
> ....
> ....
> ....
> ....

Exercice 2

Vous êtes en France pour un séjour linguistique. Vous recevez ce message d'un ami.　　... / 12 points

> **De : Mikelbar@mel.fr**
> **Objet : Match**
>
> Salut à tous,
>
> J'ai trois places pour aller voir le match de handball Saint-Étienne/Dijon. Vous venez avec moi ? C'est dimanche après-midi. Donnez-moi vite une réponse.
>
> À bientôt !
>
> Mikel

Vous répondez à votre ami. Vous refusez sa proposition et vous vous excusez. Vous lui expliquez pourquoi vous ne pouvez pas venir. Vous lui proposez un autre rendez-vous. (60 mots minimum.)

> **De :**
> **Objet :**
>
> ....
> ....
> ....
> ....
> ....
> ....

Production orale

... / 25 points

Partie 2

Monologue suivi

- **Sujets au choix** ... / 5 points

Sujet 1 *Vacances.* //

Que faites-vous en général pendant les vacances ? Quel est votre lieu de vacances préféré ?
Pourquoi ? Racontez.

Sujet 2 *Restaurant.* //

Dans quels restaurants allez-vous, en général ? Quel est votre restaurant préféré ? Où est-il situé ?

Partie 3

Exercice en interaction

- **Sujets au choix** ... / 6 points

Sujet 1 *Cours de langue.* ///

Vous êtes à Lille. Vous voulez prendre un cours de français pendant votre séjour. Vous allez dans
une école de langue pour avoir des informations. Vous dites au secrétaire quel type de cours vous
cherchez et vous lui posez des questions. Vous vous inscrivez à un cours.
L'examinateur joue le rôle du secrétaire.

Sujet 2 *Dans un magasin de souvenirs.* //

Vous êtes en séjour linguistique, en France. Vous voulez acheter des cadeaux à votre famille. Vous
entrez dans un magasin de souvenirs. Vous dites au vendeur ce que vous cherchez et vous lui posez
des questions. Vous acheter plusieurs articles.
L'examinateur joue le rôle du vendeur.

Une tasse

Un tapis de souris

Un porte-clés